LE CONSERVATEUR.

A PARIS,
Chez Capelle et Renand, Libraires-Commissionnaires, rue JJ. Rousseau

A EPERNAY,
Chez Warin-Thierry, Imprimeur-Libraire, au Livre d'or.

La seule et véritable édition est accompagnée de notre signature.

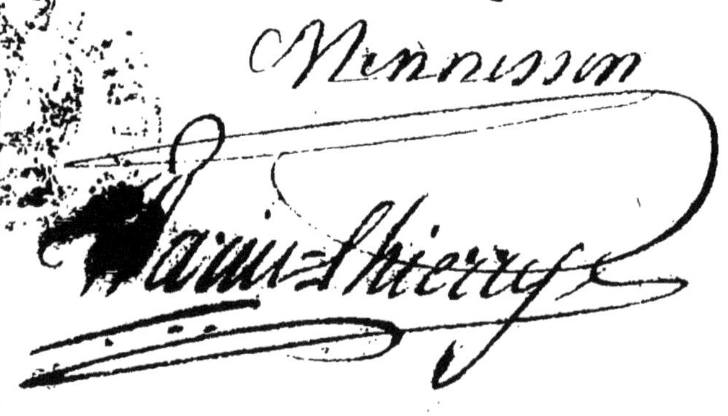

LE CONSERVATEUR OU LES FONDEMENS DE LA MORALE PUBLIQUE,

COMPARÉS avec les systêmes de la philosophie moderne, et considérés dans leurs rapports nécessaires avec l'existence et le bonheur des peuples.

Publié par J.-B.-A. MENNESSON.

TOME PREMIER.

A EPERNAY,
DE L'IMPRIMERIE DE WARIN-THIERRY.

1805.

« Quid leges sine moribus,
« Vanœ proficiunt ? » (Horat.)

AU

SOUVERAIN PONTIFE

PIE VII.

Très-Saint Pere ;

J'ose mêler ma voix à ce Concert de vœux et d'éloges formé autour de vous par la vénération publique : J'ose déposer à vos pieds l'hommage respectueux d'un livre consacré à la défense de la Religion et de la patrie, de l'Autel et du Thrône. Ces deux bases éternelles de la gloire et du bonheur des peuples, sont comme les deux colonnes sur lesquelles doit s'élever l'Edifice des mœurs nationales.

C'est au père des fidèles qu'un tel livre doit être dédié.

C'est au Pontife illustre qui a signé le Concordat, ce gage précieux de la paix des consciences parmi nous, et qui vient aujourd'hui cimenter l'accord des deux pouvoirs religieux et politiques, en imprimant sur le Chef auguste de l'Empire le sceau sacré de cette religion dont il est le restaurateur, c'est à lui qu'appartient cet hommage personnel et mérité de notre reconnoissance.

Le père des fidèles est aussi le père des François.

Les Noms de **PIE VII** et de **NAPOLÉON** sont unis dans nos cœurs comme ils le seront un jour dans l'histoire : ces deux noms immortels iront ensemble à la postérité ; ils vivront sur la Terre tant qu'il y aura des hommes et des vertus ; ils seront répétés avec attendrissement par nos derniers Neveux ; et le Triomphe de la Religion sera leur plus beau titre de gloire.

Les bienfaiteurs des peuples respirent toujours dans leurs bienfaits.

Je crois entendre ici la voix de mon Ami, cette voix patriotique qui se réunissoit à la mienne pour applaudir à nos victoires ; je crois l'entendre encore, applaudissant à ce nouveau Triomphe du libérateur des françois, se félicitant avec nous de son bonheur, et rompant le silence du Tombeau pour lui montrer dans l'avenir la Couronne incorruptible qui attend les Monarques religieux.

Cette Couronne est la seule qui puisse ajouter à la gloire du Chef de l'Empire.

Pardonnez, Très-saint Père, cet élan de la reconnoissance, à un Citoyen françois qui s'honore aussi du beau titre de Chrétien. Je crois remplir un grand devoir auprès de vous en m'efforçant de justifier l'un et l'autre : Votre suffrage que j'ambitionne de mériter, seroit pour mon livre l'augure le plus heureux, et je regarderois comme un des beaux jours de ma vie celui où Votre Sainteté daigneroit en agréer la Dédicace.

J'ai l'honneur d'être, avec un sentiment profond de vénération et de piété filiale,

Très-Saint Pere,

Votre Très-humble, Très-dévoué et Très-obéissant Serviteur,

MENNESSON.

A MES

COMPATRIOTES.

Mon premier devoir est de vous être utile : je n'écris pas pour faire des livres, mais pour défendre la cause des mœurs ; souffrez qu'en citoyen vraiment libre et pour qui sa patrie n'est pas une vaine idole, j'ose vous parler ici le langage de la vérité.

Vous avez marqué votre place dans l'histoire par vos malheurs et par vos succès ; vous avez éprouvé tout ce que les vicissitudes de la fortune ont de plus cruel et de plus brillant, de plus triste et de plus heureux : vous avez parcouru toutes les routes de la gloire au milieu de tous les excès de l'anarchie, et vous avez conquis la liberté dans les bras du despotisme. Esclaves au dedans, vainqueurs au dehors, vous avez traversé l'espace de plusieurs siècles dans le cours rapide de dix années.

Le moment de nous juger nous-mêmes paroît venu ; notre cours d'expérience politique est achevé, et nous sommes riches d'observations. Mais... qui le croiroit ?

les temps de trouble, d'agitation, de bouleversement dont nous sortons, ces temps si mémorables sont presque oubliés, tant ils sont déja loin de nous! l'indifférence a repris son empire, et parce que la tempête a cessé de gronder, nous ne songeons plus à ses dévastations; il semble même qu'on ne soupçonne pas que les évènemens d'une révolution laissent après eux des traces qui méritent d'être observées.

Tout à l'heure, le volcan sur lequel nous nous sommes endormis, fumoit encore : il nous menaçoit d'une nouvelle éruption; tous les signes avant-coureurs d'un nouveau bouleversement politique nous environnoient ; nous avons frémi un instant à la vue de nos dangers ; mais à peine ces signes ont-ils cessé, notre inquiétude a disparu ; l'insouciance a pris sa place, et nous sommes retombés dans notre premier sommeil. Qu'est-il donc survenu dans notre situation, qui puisse vous inspirer une telle sécurité ? quel est donc le fondement de cette confiance, et qui vous a garanti l'avenir ? Victimes de l'imprévoyance du passé, vous bâtissez votre maison sur des décombres, et vous oubliez qu'elle repose sur un sol qui s'agite encore sous vos pieds !...

A la vérité, vous avez triomphé de tous les ennemis extérieurs qui menaçoient votre indépendance ; à l'intérieur, tout semble sourire autour de vous, l'image du bonheur public vous environne ; la paix rendue au continent par des traités honorables, l'empire agrandi par de glorieuses conquêtes, l'anarchie étouffée par des lois sages, les factions enchaînées et réduites au silence, les troubles civils appaisés, la capitale embellie, l'industrie encouragée, la liberté rendue au commerce, la vie aux arts et aux lettres, les académies rouvertes aux savans, les écoles à la jeunesse et les temples à la religion; toute la nation sortant, pour ainsi dire, de ses ruines, à la voix du héros qui la gouverne, et s'élevant avec lui à un siècle de gloire et de prospérité, voilà une foible esquisse des prodiges multipliés qui viennent de s'opérer sous vos yeux.

Mais, derrière ce tableau magique qui vous séduit et qui vous enchante, à côté de ce spectacle brillant et de ces trophés pompeux dont l'éclat vous éblouit, au milieu de ce concert universel d'éloges et d'acclamations qui rétentissent autour de vous, un ennemi silencieux et perfide médite encore votre perte; lui seul conserve encore une attitude menaçante; il creuse sourdement un abyme sous cet édifice majestueux que vous élevez; il mine dans l'ombre les fondemens de ce nouvel empire que vous commencez; il travaille avec lenteur, mais il travaille sans se reposer, et son silence est d'autant plus redoutable que ses coups sont moins attendus. Cet ennemi, c'est *l'irréligion*; c'est *l'athéisme philosophique*.

L'impiété, l'esprit irréligieux, voilà, voilà l'ennemi qui menace encore le peuple françois; voilà le conspirateur ténébreux qui médite la ruine de votre gouvernement, qui prépare pour l'avenir de nouvelles révolutions, qui empoisonne secrètement toutes les sources du bonheur public, qui corrompt la génération qui s'élève par les vices de la génération qui s'éteint, et qui communiquera les vices de la génération qui doit nous survivre à la génération qui va bientôt la remplacer elle-même!... O qu'elles sont terribles les conséquences de l'irréligion, qu'elles sont désastreuses pour les peuples qui n'en ont pas étouffé les premiers germes, et combien ils sont coupables les écrivains vicieux qui les ont répandus et les gouvernemens aveugles qui les ont accueillis! La génération des vices est illimitée, elle est progressive; et quand une fois l'irréligion a propagé ses funestes semences dans tous les esprits, quand la corruption a gagné tous les cœurs, infecté toutes les classes de citoyens, l'œuvre la plus difficile du législateur est d'en arrêter les progrès; et c'est à la racine de cette plante meurtrière qu'il faut aller quand on veut l'extirper du champ de la société.

Loin de nous tout funeste présage ! la main qui nous a sauvés peut nous sauver encore. Le rétablissement des mœurs publiques doit être le résultat des bonnes institutions sociales. Le retour aux principes religieux est un ouvrage difficile, sans doute, mais il n'est pas impossible : tout est possible à l'homme qui s'élève jusqu'à celui qui peut tout : le salut de la France est là ; il y est tout entier et vous saurez l'y trouver.

Vous reprendrez les mœurs et les vertus de vos ancêtres comme vous avez repris leur culte et leurs lois ; vous étendrez sur l'éducation de la jeunesse, sur l'éducation qui fait les hommes et les citoyens, vous étendrez les bienfaits et l'influence de cette religion salutaire dont vous avez rouvert les temples et relevé les autels ; vous assurerez à ses ministres les moyens d'existence et la considération nécessaires pour exercer leurs fonctions bienfaisantes, pour être honorés des hommes qu'ils sont appelés à instruire de leurs devoirs, à consoler dans leurs peines, à soulager dans leurs misères; et vous n'oublierez pas cette grande leçon donnée aux siècles par l'histoire : que le dépérissement de la morale religieuse commence toujours par la dégradation du clergé; que l'avilissement du sacerdoce entraîne bientôt celui du culte; que la chute de la religion amène nécessairement la ruine des mœurs, la perte des mœurs l'oubli des lois, et le mépris des lois la mort des peuples.

L'histoire du passé est la leçon du présent et la prédiction de l'avenir.

INTRODUCTION

OU

DESSEIN GÉNÉRAL

DE CET OUVRAGE.

Je dépose dans le sein de ma patrie quelques vérités nécessaires que j'ai recueillies dans celui de l'amitié ; vérités trop méconnues sur lesquelles reposent les fondemens de l'ordre social, et dont dépendent le bonheur et le malheur des peuples. Citoyen d'un pays libre, en m'adressant à mes concitoyens, j'ai dû leur parler en homme libre : toutes les petites considérations doivent se taire en présence de l'intérêt public.

Je ne suis ici que l'éditeur des pensées d'un sage, d'un héros paisible qui mourut à la fleur de l'âge, victime de son patriotisme. J'exprime en interprète fidèle les derniers voeux d'un Sénateur illustre, d'un tendre ami de l'humanité, que j'ai vu descendre au tombeau le jour même où il entrevit le salut de son pays et la gloire du peuple françois. Monumens de son zèle et de son amour pour eux, ces pensées et ces vœux leur appartiennent: je n'en suis que le dépositaire.

Je rends au public ce que l'homme public m'a confié. Les idées d'un bon citoyen sont un héritage pour sa patrie : en lui prêtant mon foible organe, c'est son testament que j'exécute. Heureux si, en remplissant un devoir aussi cher à mon cœur, sa grande ame qu'il m'ouvrît toute entière, reparoit quelquefois dans ces réflexions ! Plus heureux encore si elle revit un jour dans le cœur de tous mes compatriotes, et si elle devient l'ame de la République qu'elle honora par ses vertus !

François ! en vous donnant l'histoire des pensées d'un homme de bien, dont la raison mûrie par l'expérience, marche toujours d'un pas assuré sur la ligne des principes, je vous offre en même temps le tableau des erreurs d'un jeune homme que l'esprit de son siècle avoit égaré, mais dont le cœur, au milieu de ses illusions, ne cessa jamais d'aimer la vérité à laquelle il rend hommage par son retour. En vous faisant ici l'aveu de ses égaremens, j'ai le droit d'en être cru sur mon témoignage.

L'histoire de ce jeune homme, ô François! c'est la mienne; c'est aussi celle d'un grand nombre d'entre vous: j'espère que plusieurs de nos incrédules s'y reconnoîtront, et je désire sur-tout que mon exemple serve à les corriger. Je n'ai pas la prétention de faire une révolution par un livre; je sais qu'il faut d'autres moyens pour y réussir; mais quand une vérité importe au bonheur de l'humanité; quand l'oubli de cette vérité compromet le salut public ; c'est un devoir pour tout homme de la dire, et ce devoir, je le remplis auprès de vous.

« *Il est des vérités*, a dit un « sage, *qu'il ne faut pas se lasser* « *de répéter aux peuples : il n'est* « *jamais permis de désespérer du* « *salut de sa patrie.* »

VERS les derniers temps de la révolution françoise, à cette époque terrible où la République naissante, en proie aux discordes intestines et pressée de toutes parts par les armées étrangères, sembloit toucher au moment de sa dissolution ; où la France malheureuse, courbée sous le joug d'un gouvernement foible et tyrannique, trahie par ses chefs, abandonnée par ses alliés et déchirée par ses propres enfans, voyoit avec douleur s'échapper des ses mains le prix glorieux de ses derniers triomphes, j'avois souvent remarqué dans le conseil des anciens dont je suivois alors les délibérations avec une inquiète curiosité, un homme qui, toujours calme au milieu des tempêtes politiques, toujours ferme et modéré en présence des factions opposées qui s'agitoient autour de lui, sembloit, comme Caton, triompher des lois inflexibles du destin, et conserver une ame indépendante au milieu des ruines de la liberté publique.

La noble constance de ce Sénateur, la sage modération de son caractère, et cet empire naturel qu'un homme vertueux exerce sur tout ce qui l'environne, avoient fait sur mon ame une impression vive et profonde. J'admirois dans cet homme de bien l'arbitre des deux conseils dont il étoit le médiateur : je croyois voir en lui le sauveur du peuple françois, et je me sentois consolé par l'espérance : j'oubliois en sa présence les malheurs ma patrie ; j'oubliois les triomphes de ses ennemis, l'égarement de ses citoyens et les crimes de son gouvernement.

J'étois dans l'âge de l'enthousiasme ; cet âge est aussi celui de la reconnoissance ; ce sentiment déborde le cœur et a besoin de se produire au dehors : j'éprouvois un vif désir de l'épancher dans le cœur de celui qui l'avoit fait naître ; j'ambitionnois son amitié, et je m'en croyois digne. J'étois curieux d'ailleurs de connoître les sentimens d'un homme qui me paraissoit né pour gouverner les autres ; je l'étois d'apprendre par quels principes il se gouvernoit lui-même. L'occasion de le voir s'offrit à mon impatience, et je la saisis avec transport.

L'ami de mon pays devoit être le mien, et bientôt il le fut. L'estime forma notre premier lien. J'étois heureux auprès de lui ; mais ce bonheur fut trop court : notre commerce ne dura qu'une seule année. C'est dans ce court espace de mon existence que j'ai connu tout le charme de l'amitié, et que je puis dire avoir vécu. Je le voyois souvent ; je le cherchois sans cesse : sa présence m'étoit devenue nécessaire, et la sérénité de son ame se communiquoit à la mienne. Il n'est plus !... Nos rapports ont cessé ; mes regrets seuls lui survivent ; ils ne finiront qu'avec ma vie.

Je supprime ici des détails qui

n'intéressent que moi seul : je reviendrai sur ceux qu'il importe de faire connoître. Mais, après avoir payé à l'homme public le tribut de mon admiration ; après avoir jeté quelques fleurs sur la tombe d'un ami vertueux, qu'il me soit permis encore de révéler à mes concitoyens le secret de leurs pertes et des miennes, en leur offrant dans ce résultat de nos entretiens, l'image fidèle de l'ame d'un citoyen qui ne forma des vœux que pour leur bonheur et qui compta ses jours par ses services. Le portrait d'un homme de bien est un éloge de la vertu : son exemple est une leçon pour la jeunesse.

Je n'oublierai jamais le jour où ce tendre ami m'entretint pour la première fois de la situation de la France. Cet entretien qui me dévoila le véritable état de son cœur et qui me donna la mesure de cette élévation de caractère que j'admirois sans en connoître le principe, a fait dans mes idées et dans mes sentimens une révolution qui doit influer sur les habitudes de ma vie entière.

Nous venions de recevoir la nouvelle d'un revers essuyé par les armées de la République. La France étoit consternée ; l'abattement des citoyens étoit au comble ; la désorganisation des troupes étoit complète ; le gouvernement directorial avoit perdu toute confiance ; et les puissances coalisées que leur dernier triomphe enorgueillissoit, s'occupoient déjà du partage de cette nouvelle Pologne.

C'est dans ces circonstances désastreuses, qu'oppressé par le sentiment de la douleur, je courus déposer mes allarmes dans le sein de mon ami. Je le trouvai calme comme à son ordinaire, mais toujours occupé des intérêts de son pays : il s'apperçut de mon trouble et il me prévint. Je vous entends, me dit-il, mon ami ; vous êtes ému, et vous venez me faire part de vos craintes ; cette triste nouvelle vous afflige, et moi aussi ; mais, qu'elle ne nous ôte pas l'espérance ; le sort des armes est journalier ; le sort du peuple françois ne dépend pas d'une bataille ; il dépend de lui seul : ses destinées sont dans ses mains ; sa fortune, sa gloire, sa liberté, son existence sont en son pouvoir ; et si la France doit périr... croyez-moi, ce n'est ni par les russes, ni par les turcs, ni par les anglois, ni par les allemands, ni par toutes les puissances de l'Europe conjurées, c'est par elle même.

Frappé de l'air avec lequel mon ami prononça ces derniers mots, et croyant avoir pénétré sa pensée; je vous entends aussi, lui répondis-je, et votre sécurité fait honneur à nos braves : vous vous reposez sur le courage de nos armées et sur l'habileté de nos généraux pour la défense de nos frontières, et vous ne redoutez pour l'intérieur que nos propres divisions : vous n'appréhendez que ce fléau terrible et cruel qui arme le citoyen contre le citoyen et le frère contre le frère, qui déchire le sein de la patrie par la main de ses enfans, et qui la livre sans défense aux insultes de l'étranger. Vous voulez parler, sans doute, de cette guerre parricide et sacrilège qui désole depuis six ans nos départemens de l'Ouest ; de cette déplorable Vendée, (gouffre ouvert par un aveugle fanatisme), qui engloutit l'élite de nos défenseurs, qui regorge du sang d'un million de victimes, et qui, comme une hydre toujours renaissante sous les coups qui la frappent, repousse sans cesse de nouvelles têtes : ce monstre, né au milieu de nous, est effroyable en effet : son existence menace l'existence de la République entière, et il est temps que tous les partis se réunissent, que tous les bras s'arment pour l'immoler ; car je conviens avec vous que de la défaite de cet ennemi domestique, dépend le salut du peuple françois.

Ce n'est pas ma pensée, c'est la vôtre que vous venez d'exprimer, reprit aussi-tôt mon ami ; et quoique j'applaudisse à votre zèle, quoique je déplore profondément avec vous les malheurs inséparables des discordes civiles, malheurs dont nous avons fait une si funeste expérience dans cette guerre implacable de la Vendée, l'une des plaies les plus horribles que la révolution nous ait laissées, cependant, mon ami, je suis loin de croire avec vous que les destinées de la République en dépendent. La guerre est un état violent et par conséquent passager; cette guerre impie, cette guerre monstrueuse qui a coûté tant de larmes à l'humanité, et dont nous gémissons l'un et l'autre, aura son terme comme la guerre étrangère; toutes deux ont une origine qui leur est commune et sont la triste conséquence de la plus triste des causes: mais ces maux particuliers et limités par leur nature, disparoîtront du jour que la République aura le courage de les attaquer à leur source.

C'est dans leur principe même qu'il faut porter le remède aux infirmités qui affligent les états ou les individus ; et comme c'est dans la masse d'un sang vicié que circule le venin qui produit des ulcères sur le corps humain, c'est aussi dans le cœur et dans les veines du corps politique que fermente et se développe le germe des maladies qui en affectent les parties extérieures.

Le germe de tous les maux qui ont accablé la France depuis dix ans, et qui en ont envahi successivement ou à la fois toutes les parties ; le principe générateur de tous les troubles et de tous les excès, de tous les fléaux et de tous les crimes qui ont déshonoré le berceau de la liberté, ou qui menacent encore de l'entraîner vers sa ruine, c'est l'athéisme populaire ou l'abandon des principes religieux ; c'est cette peste morale, dont un philosophisme impur inocula les germes dans le dernier siècle, qui exerce aujourd'hui ses ravages dans le sein de la République naissante, et qui soulève sur ses frontières, nos voisins allarmés sur leur propre existence ; c'est elle qui, après avoir choisi ses victimes et propagé ses poisons dans les hautes classes de la société, répand aujourd'hui son influence destructive jusques dans les dernières, et menace d'immoler à la fois la génération qui s'élève et la génération qui s'éteint ; c'est elle, c'est son souffle corrupteur qui, après avoir miné sourdement tous les principes de la morale publique, tous les élémens du bonheur social, toutes les maximes conservatrices qui garantissent la stabilité des empires, le repos des nations, l'union des familles, s'est déclaré tout à coup et avec un violence progressive, par l'apparition de cette foule de monstres hideux et féroces qu'on a vus sortir des laves de la révolution, comme autrefois du limon

mon du déluge, élevant des cris forcenés contre le ciel, déclarant une guerre ouverte à son auteur, renversant et foulant aux pieds tout ce qu'il y a de sacré sur la terre, se roulant avec fureur dans le sang et les larmes de tout un peuple dont ils avoient fait leur pâture, et menaçant de faire de la France désolée, qu'ils appeloient encore leur patrie, un vaste tombeau sur lequel ils auroient régné...

Mon ami, dont j'avois remarqué l'émotion tandis qu'il me parloit, s'arrêtant à ce dernier trait de l'énergique tableau de nos malheurs; je conviens, lui dis-je, avec vous, que cette époque de notre révolution, l'une des plus terribles dont les annales de l'histoire puissent conserver le souvenir, est aussi celle du péril le plus imminent que la République françoise ait couru, ou dont elle puisse être menacée; je conviens que ce règne affreux que vous venez de signaler avec tant de vérité, ce règne sous lequel le génie de la destruction, le démon de l'athéisme triompha en portant l'épouvante au-delà de nos frontières, la persécution dans nos départemens et la division dans nos familles, a dû éterniser le double fléau de la guerre et de la discorde parmi nous, prolonger la lutte violente des opinions et des intérêts opposés, éloigner le retour de l'ordre et de la paix, et compromettre le salut public : mais aujourd'hui que nos derniers tyrans ne sont plus, que les apôtres de l'erreur et de l'athéisme gardent le silence, que les mesures de violence et de persécution ont cessé, que la tolérance universelle des cultes a été proclamée et la liberté naturelle des consciences reconnue ; aujourd'hui enfin qu'il est permis aux amis de la patrie d'adorer le Dieu de leurs pères et de servir à la fois l'un et l'autre, comment donc, ô mon ami, pouvez-vous dire ou penser que l'athéisme est encore le seul écueil qui mette le vaisseau de la République en péril ? Nous ne voguons pas, à la vérité, sur une mer tranquille, et notre horison n'est pas encore sans nuages; d'autres dangers, je le sais, nous environnent au dehors; mais, lorsque je considère notre situation intérieure et l'état présent des hommes et des choses, je ne vous comprends plus, et je suis loin, je vous l'avoue, de partager vos allarmes.

Et moi, je suis loin, mon ami, de partager votre sécurité, reprit-il à l'instant; ma confiance porte sur d'autres fondemens ; les apparences je vous l'avoue, ne m'en imposent pas, et je connois les hommes qui nous gouvernent : nous ne sommes plus au règne de Robespierre, j'en conviens, mais nous sommes toujours à celui de Machiavel ; et la guerre des directeurs, pour être plus sourde que celle des triumvirs, n'en est pas moins cruelle : l'engeance infernale dont je vous parlois est détruite à la vérité ; le ciel en a purgé la terre ; ces nouveaux Tytans, ensevelis comme Samson, sous les ruines de l'édifice dont ils avoient eu l'audace d'ébranler les colonnes, ont disparu ; mais l'abyme profond qu'ils ont creusé sous les pieds de leurs victimes, est encore ouvert; les temples qu'ils ont profanés et livrés à la dévastation, restent fermés au peuple françois; leurs ministres errans et chassés loin de leurs foyers, languissent abandonnés dans leur exil; les fêtes religieuses et les rites sacrés de l'ancienne liturgie sont interdits aux vrais adorateurs, et de nouvelles religions protégées et soutenues par l'autorité, s'élèvent scandaleusement sur les ruines du culte proscrit : enfin ce qui met le comble à nos maux, ce qui achève de déchirer le voile dont s'enveloppent leurs auteurs, la jeunesse, sur laquelle reposent nos dernières espérances, la jeunesse est élevée dans l'ignorance du culte de ses pères, et il est défendu de parler de principes religieux dans nos écoles. Jugez, ô mon ami, quels citoyens de telles écoles préparent à la patrie, et quels hommes à l'humanité !...

En un mot, de quelque côté que je tourne mes regards, je ne vois par tout que de funestes présages ; je n'apperçois que les tristes conséquences de l'athéisme et les signes déplorables de notre dissolution ; l'esprit d'irréligion réduit en système politique, la tyrannie sous des formes républicaines, l'intolérance sous les couleurs du patriotisme, l'égoïsme sous le masque de la politesse, le libertinage sans frein, la cupidité sans bornes, l'indépendance de toutes les passions, l'oubli de tous les devoirs, le mépris des lois et la ruine des mœurs; présage certain de la ruine des états.

Lorsque je compare l'époque actuelle de notre révolution avec celle des temps désastreux où nous avons vécu, et les crimes fameux du triumvirat avec les trames obscures du despotisme directorial, je crois être assis sur les bords d'un volcan, dont les sourds mugissemens annoncent de loin l'explosion des matières souterraines qui fermentent dans son sein, et qui menace d'entraîner de nouveau dans ses torrens dévastateurs, les malheureux échappés à ses premiers ravages.

Consterné par cette réponse qui, en m'éclairant sur nos véritables dangers, portoit le trouble au fond de mon cœur, quoi donc, mon ami, lui dis-je avec un étonnement mêlé de tristesse que je ne cherchois pas à dissimuler, c'est vous qui, dans l'instant me rameniez à l'espérance et releviez mon courage, tandis que je déposois mes allarmes dans votre sein et que je venois chercher de la consolation auprès de vous, et c'est vous qui maintenant me ravissez cet espoir consolateur et cette douce sécurité que vous m'avez rendus! c'est vous qui m'inspirez de nouvelles craintes et qui me replongez dans de nouvelles inquiétudes plus accablantes que celles dont vous m'avez délivré! Pourquoi dissipiez vous mes chagrins? ou pourquoi me retirez vous vos bienfaits?

Les maux que je déplorois étoient sensibles; les périls que je redoutois étoient apparens; mais ils n'étoient pas du moins sans quelque remède; il n'étoit pas impossible de s'en garantir par la prudence, et ils me laissoient entrevoir dans l'avenir des chanses favorables qui pouvoient nous en délivrer. Une nation généreuse répare aisément ses défaites et triomphe de tous les obstacles : les dangers, au contraire et les malheurs trop réels dont vous m'offrez ici l'effrayante perspective, et qui sont la conséquence inévitable du dépérissement des mœurs générales, ces malheurs et ces dangers tiennent à des causes éloignées, compliquées par leur nature et souvent imperceptibles dans leur action; à des causes qui échappent à l'œil de la prévoyance ordinaire, et dont ils est par conséquent aussi rare que difficile de préserver un peuple.

Cependant, mon ami, comme je n'ai rien de caché pour vous et que d'ailleurs vous avez sur les hommes et sur les choses, plus d'expérience que moi, vous me permettrez, en m'éclairant de vos lumières et en rendant hommage à vos principes, vous me permettrez aussi de vous faire part de mes doutes, de vous exposer mes sentimens et de vous soumettre mes observations. L'objet de nos entretiens est trop important pour ne pas être approfondi, et comme c'est presque toujours de l'opposition des idées que jaillit l'évidence, et par son secours que la vérité triomphe, je suis déterminé à m'ouvrir à vous sans réserve et à vous montrer mon ame toute entière : la vôtre est trop éclairée pour ne pas pardonner aux erreurs, et vous êtes trop sincère pour ne pas m'avertir de mes fautes. Mais avant de vous faire cette confidence, souffrez, ô mon ami, que je vous fasse encore une objection, et pardonnez à ma franchise.

J'ai souvent admiré dans les débats tumultueux de nos assemblées nationales, sur cette scène orageuse où se décident, en présence des factions, les destinées de la République, j'ai souvent admiré cette haute tranquillité de caractère et cette constante égalité d'ame qui paroissent vous être naturelles et qui ne se sont jamais démenties. Apprenez-moi de grace, mon ami, comment, avec ce zèle ardent que je vous connois pour les intérêts de votre pays, et avec cette conviction profonde de ses dangers que vous avez prévus, vous conservez néanmoins cette inaltérable sérénité que je vous envie et que je ne puis partager ? Vous n'êtes pas impassible, je le sais ; vous connoissez même la plus forte de toutes les passions, puisque vous aimez votre patrie et que vous lui sacrifiez toute votre existence : quel est donc le principe de cette modération, et d'où vous vient cet empire sur vous-même ?

Descendez de votre admiration, répartit en souriant mon ami, et laissez-moi seulement votre estime ; ce lot est encore assez beau, puisque vous y réunissez l'amitié, et puisque la confiance que vous me témoignez aujourd'hui en est une suite nécessaire ; croyez, ô mon ami, que je m'estimerai trop heureux de justifier à la fois l'une et l'autre, si, par l'exposé de mes sentimens et de mes principes, et par les nouvelles confidences que vous paroissez désirer de moi, je réussis à modérer les inquiétudes et les craintes que les précédentes vous ont causées, et si je puis enfin vous amener à cette douce sérénité qui m'attire à la fois et vos éloges et votre envie. Je me reprocherois de conserver pour moi-même un avantage dont j'aurois privé mon ami ; je suis loin, toute fois, d'être aussi fort que vous voulez bien le supposer; je n'ai que trop souvent éprouvé dans le cours de ma vie, et sur-tout dans le cours de notre révolution, la vérité de cette maxime : que l'égalité d'ame la plus inaltérable en apparence, n'est au fond que l'art de renfermer son agitation dans son cœur.

Hélas! combien de fois, dans ces assemblées tumultueuses où vous m'avez vu, dites vous, si tranquille au milieu du combat perpétuel des factions qui nous divisent, et où vous m'avez cru supérieur aux foiblesses humaines, parce que j'étois étranger aux intrigues politiques; combien de fois n'ai-je pas travaillé à calmer, à modérer autour de moi, les mouvemens et les passions dont j'étois intérieurement agité! combien de fois n'ai-je pas réussi, par cette apparente égalité de caractère, à prévenir, à arrêter des mesures intempestives et violentes qui auroient perdu la patrie!

Je voyois nos jeunes Sénateurs qui vouloient gouverner la République et qui ne pouvoient eux-mêmes se contenir; je les voyois emportés par les passions les plus furieuses et prêts à nous donner chaque jour dans nos assemblées, le spectacle des diètes polonnoises où les partis en viennent aux mains et délibèrent comme sur un champ de bataille : alors ne prenant conseil que de mon zèle, je recueillois toutes mes forces ; je me jetois, pour ainsi dire, au milieu d'eux comme un pacificateur entre deux armées opposées, et en m'attirant leur confiance par des conseils modérés, je devenois leur arbitre et je parvenois à les concilier. Voilà tout mon mérite, ô mon ami ; c'est par cette conduite réfléchie, et non par aucune supériorité naturelle, que j'ai quelquefois obtenu l'avantage d'être utile à mes compatriotes, que j'ai pu remplir mes devoirs de citoyen dans le poste qui m'étoit assigné par leurs suffrages, et que j'ai recueilli dans celui de ma conscience, la plus douce récompense de l'homme de bien.

Mais quelque grand qu'il soit, cet avantage, et quelque empire qu'exerce sur nos ames le sentiment honorable qui en est la source, il est un principe supérieur, un principe indépendant des hommes, auquel je m'empresserai toujours de rendre mon premier hommage, comme il occupera toujours la première place dans mon cœur; ce principe, dans lequel je reconnois avoir puisé de nouvelles forces, de nouvelles consolations dans toutes les circonstances de ma vie, où les forces que je tirois d'ailleurs étoient épuisées et où toutes les consolations humaines me manquoient ; ce principe, c'est la religion, c'est elle, ô mon ami, qui, m'élevant au dessus de moi-même dans ces jours de deuil et de consternation, où l'image lugubre de la douleur publique m'environnoit, où le spectacle déchirant du crime porté en triomphe et de la vertu foulée aux pieds, portoit le désespoir dans tous les cœurs, où la société ébranlée jusque dans ses fondemens, et l'anarchie, levant sa tête hideuse au dessus des lois, menaçoient le monde civilisé d'une destruction universelle; c'est elle, c'est la religion qui, relevant alors mon courage prêt à m'abandonner, me commandoit le sacrifice de mon existence, m'ordonnoit de réclamer hautement les droits violés de l'humanité, et m'inspiroit la résolution de résister aux tyrans de ma patrie qui s'en partageoient les dépouilles.

Enfin, si, malgré la conviction de nos dangers, j'ai montré quelque constance dans le malheur, quelque sérénité dans le trouble;

si j'ai conservé quelque empire sur moi-même au milieu du déchaînement de toutes les passions, de la corruption de tous les principes, c'est à ce principe que je le dois : je lui dois plus encore, ô mon ami ; je lui dois tout ce qui fait le bonheur de ma vie, le charme de l'espérance, la vive persuasion dans laquelle je suis que les malheurs de la France auront un terme, et que ce terme n'est pas éloigné ; c'est cette persuasion qui me fait supporter avec allégresse ma part de l'infortune publique, qui m'élève au dessus des orages passagers qui grondent autour de nous et qui me montre, dans l'excès même de nos égaremens, le moyen qui doit nous ramener à la vérité.

Oui, mon ami, (et ceci est un secret de mon cœur que je ne révèle qu'à vous seul), au moment où j'observe que la France égarée s'achemine vers sa ruine, un pressentiment profond m'avertit que la France sera sauvée; et tandis qu'autour de nous les révolutions succèdent aux révolutions, que les peuples se soulèvent contre les peuples, que les tyrans sont abattus par les tyrans, et que le livre terrible de nos destinées se déroule sous nos

yeux,

yeux, je vois au dessus de nos têtes la main puissante qui dispose du sort des empires et qui confond les conseils des hommes ; je la vois graver sur ce livre mystérieux, le jour et l'heure marqués dans sa sagesse pour l'accomplissement d'un grand dessein, et j'apperçois dans l'éloignement le mortel privilégié qui doit lui servir d'instrument.

Ranimé par ce pressentiment secret de nos destinées et par cette prévision consolante des desseins de la providence, je me prosterne avec reconnoissance devant l'éternel bienfaiteur des hommes, devant le souverain législateur des peuples; je le bénis de ses bienfaits; je me soumets à ses lois et je me rappèle avec confiance ces paroles mémorables d'un des plus illustres défenseurs de son culte.

« Ce qui est admirable, incom-
« parable et tout à fait divin, c'est
« que cette religion qui a toujours
« duré, a toujours été combattue:
« mille fois elle a été à la veille
« d'une destruction universelle; et
« toutes les fois qu'elle a été en
« cet état, Dieu l'a relevée par des
« coups extraordinaires de sa puis-
« sance...

« Il y a plaisir d'être dans un
« vaisseau battu de l'orage lors-
« qu'on est assuré qu'il ne périra
« point. »

Mon ami avoit cessé de parler que je l'écoutois encore. J'étois plein de ses idées et de ses sentimens : j'avois recueilli avec avidité toutes ses paroles. La douce persuasion qui sembloit couler de ses lèvres avec ses discours, avoit pénétré jusqu'au fond de mon cœur ; elle y avoit ramené le calme avec l'espérance : je jouissois enfin du plaisir de le connoître. L'exposé de ses principes religieux me dévoiloit tout le systême de sa conduite politique et me découvroit la base de cette vertu constante dont j'ignorois la source; mais cette profession de foi, (car c'en étoit une), en faisant revivre mes premières espérances, me plongeoit aussi dans de nouvelles réflexions. Cet exemple m'imposoit: je commençois à faire quelque retour sur moi-même; et lorsque je m'examinois sans préjugé au tribunal de ma conscience, lorsque je considérois l'état de mon cœur et celui de ma raison, mes doutes, mes irrésolutions et mes inconséquences perpétuelles, je rougissois d'initier un ami vertueux dans le secret de mes foiblesses.

Le désir de m'instruire l'emportant enfin sur toutes mes répugnances, je vous rends graces, mon ami, lui dis-je après quelques momens de silence, je vous sais gré des aveux précieux que vous venez de me faire; je me doutois bien que vous vous gouverniez sur d'autres principes que les miens, et vos vertus que j'admirois sans les imiter, m'en instruisoient assez; ces instructions, je l'espère, ne me seront pas toujours inutiles: je commence à me lasser de ce septicisme pénible qu'on décore du beau nom de philosophie, et qui n'enfante que de vains systêmes. J'ai voulu vous connoître avant de me corriger; avant de vous confier mes égaremens j'ai voulu m'environner de vos exemples: votre expérience sera mon guide, ô mon ami, et vous acheverez votre ouvrage. Les aveux que j'ai à vous faire m'humilient autant que les vôtres vous honorent: j'ai honte de paroître à découvert devant vous; mon amour propre s'en afflige, mais votre indulgence me rassure et votre amitié, dans le sein de laquelle je vais puiser de nouveaux secours, sera pour moi comme ces asiles sacrés qui protègent les coupables qui vont y chercher leur refuge.

Les principes qui font aujourd'hui

votre bonheur ont été ceux de ma première éducation : les conseils d'un père vertueux et ses exemples plus persuasifs encore que ses conseils, m'ont appris à les respecter dans un âge où l'on se fait un mérite de ne pas les suivre, et dans un siècle où l'on s'en faisoit un de les mépriser. C'est à ce respect même pour les principes établis, respect que j'ai toujours conservé au milieu des passions de ma jeunesse et des égaremens de ma raison, que j'ai du les anxiétés et les inquiétudes secrètes qui ont fait jusqu'ici mon tourment. Mon cœur ne fut jamais le complice de mon imagination ; et tandis que celle-ci, entraînée par le torrent des systêmes modernes, étoit livrée à toute la licence des opinions, à tout le libertinage de l'esprit, l'autre ne cessa jamais de réclamer en faveur de la vérité méconnue, de la vérité qu'il aimoit, et m'empêcha toujours de trouver le repos dans le sein du septicisme philosophique.

Cette époque de ma vie ne fut pour moi que celle d'un long martyre : comme un malade qui s'agite et se retourne de tous côtés sans pouvoir se fixer dans une position qui lui convienne, je me fatiguois inutilement à chercher le bien-être; je changeois d'opinions et de systêmes d'un jour à l'autre, et je détruisois le lendemain ce que j'avois édifié la veille. Cette éternelle contradiction, ce divorce de l'esprit et du cœur dans un être fait pour être heureux, est un état de l'ame trop pénible et trop violent pour durer; cet état même, (premier supplice de l'incrédule), fut à mes yeux un des plus forts argumens qui démontrent la nécessité de la religion, et une des plus grandes objections qui combattent le systême du matérialisme. J'ai toujours été intimement persuadé que le bonheur et la vérité sont inséparables ; qu'une doctrine qui conduit nécessairement au malheur, ne peut être qu'une offense à la nature, et que, comme l'a si bien exprimé un de nos plus éloquens orateurs : « Tout ce qui altère « l'union de l'homme avec Dieu, « le rend irréconciliable avec lui-« même. »

Forcé de prendre un parti entre les principes que j'avois abandonnés et les dogmes désastreux qui me révoltoient, je pris celui qui me paroissoit concilier les intérêts du cœur et les droits de la raison ; celui qui sembloit devoir me mettre d'accord avec moi-même : je me refugiai dans le sein du théisme ou de la religion naturelle, et je crus mon bonheur assuré dans ce dernier poste. Échappé du labyrinthe des encyclopédistes, je me crus délivré pour l'avenir de toutes les inquiétudes et de toutes les irrésolutions qui m'avoient affligé jusqu'alors. L'ame humaine est logée trop à l'étroit dans les bornes du matérialisme : le pyrrhonisme ne convenoit point à ma raison ; et mon cœur étoit fait pour aimer la vertu : mon amour-propre y trouvoit aussi son compte ; j'étois glorieux de marcher à la suite des héros de l'ancienne philosophie, des

Socrate, des Platon, des Plutarque, des Cicéron, des Sénèque, des Marc-Aurèle et de tous ces sages enfin qui, pour le génie, l'éloquence, la morale et les vertus, me paroissoient fort supérieurs aux philosophes du dix-huitième siècle.

Mon espoir fut encore trompé. En abjurant le spinosisme moderne pour la loi naturelle, j'étois sorti de l'empire du vice, à la vérité, mais je me retrouvois toujours sous l'empire du doute; et le repos que je croyois saisir, sembloit fuir devant moi. Je ne tardai pas à m'appercevoir du peu d'harmonie qui règnoit parmi les philosophes de l'ancienne école, comme parmi ceux de la nouvelle, sur les principaux points de cette croyance : je voyois les plus illustres d'entre ces sages, reconnoître de bonne foi leur ignorance profonde sur ces grands objets, et la nécessité d'un secours surnaturel pour déterminer le culte que l'homme doit à son auteur. Je compris d'ailleurs qu'une doctrine qui n'a d'autre sanction que la raison, et que chaque individu peut interpréter à sa volonté, ne pouvoit suffire aux besoins des hommes réunis en société; que Dieu étant le souverain chef du système social, la religion qui n'est que la communication des hommes avec Dieu, devoit être fondée sur des rapports communs et fixée par des lois positives.

Ainsi replongé de nouveau dans l'abyme du septicisme, sans entrevoir d'issue pour en sortir, je me trouvois placé entre un systême désespérant qui se détruisoit lui-même par ses conséquences, et une doctrine insuffisante qui livroit ma raison à toutes ses incertitudes, sans pouvoir revenir à la foi de mes pères, à laquelle je ne rendois hommage que par mes regrets. Flottant et irrésolu, je ne pouvais ni rétrograder ni avancer, et ma position n'étoit pas tenable : je ressemblois à un homme marchant dans une nuit obscure, sur un chemin bordé de précipices, qui ne sait où mettre le pied, et qui craint de tomber à chaque pas : je voyois s'élever contre la loi révélée, des objections imposantes que je ne pouvois détruire ; et je voyois revenir ces mêmes objections, avec plus de force encore, contre la loi naturelle : je trouvois dans le théisme des mystères que je ne pouvois comprendre ; et les mystères de l'athéisme me paroissoient plus incompréhensibles encore que les mystères de la foi : enfin je tournois sans cesse dans un cercle d'idées fatigantes et de questions insolubles ; et ne pouvant embrasser l'infini dans les limites étroites de ma raison, je m'égarois de plus en plus dans les routes ténébreuses de l'incrédulité.

Voilà, mon ami, l'état où j'en suis resté : état déplorable, état incompatible avec le bonheur d'un être pensant ; je dirai même avec le devoir d'un honnête-homme, car, c'est un devoir pour tout homme de fixer sa raison et d'assurer ses principes : le septicisme est le chemin de l'inconstance, et l'inconstance est l'écueil de toutes les vertus. J'abandonne aux écoles les subtilités de la scholastique et les vaines disputes aux métaphysiciens. Je ne suis pas un grand philosophe et n'ai pas envie de le devenir : je ne veux être qu'un bon citoyen ; c'est à ce titre que je vous consulte vous-même, ô mon ami, et que je prétens m'instruire auprès de vous. C'est par ses bienfaits, c'est par ses conséquences, et non par d'autres considérations, que je veux juger désormais de la bonté d'une religion : oui, je le dis du fond de mon cœur, je suis fortement persuadé que la religion véritable, la religion révélée aux hommes par le père commun des hommes, est celle qui convient le mieux aux besoins de l'humanité, celle qui est la plus propre à faire le bonheur de la société, qui enseigne la morale la plus pure, qui fait germer les vertus les plus sublimes, qui procure les lois les plus bienfaisantes, les gouvernemens les plus sages, les magistrats les plus intègres, les tribunaux les plus équitables et les familles les plus unies. S'il est une religion sur la terre qui réunisse en elle tous ces avantages et qui les procure dans un degré plus éminent que les autres, celle-là est à coup sûr la véritable, puisqu'elle est la meilleure; celle-là tire son origine du ciel, puisqu'elle est parfaite; qu'on me la montre, cette religion, et elle sera la mienne.

Ah! j'accepte votre proposition, je l'accepte avec reconnoissance, répartit vivement mon ami; et en me serrant la main, oui, elle sera la vôtre, cette religion bienfaisante, et c'est moi qui m'engage à vous la montrer : il me tarde de partager avec vous le bonheur dont je jouis, et que je lui dois tout entier; il me tarde de vous voir heureux par elle, et vous méritez de l'être, ô mon ami, puisque vous aimez sincèrement la vérité. Je vous connais ; votre cœur n'est point fait pour le vice, ni votre esprit pour le mensonge; et les sophistes qui vous ont trompé, mais qui n'ont pu vous corrompre, sont incapables de vous fixer un instant; ils ont pu vous inspirer des doutes et compromettre votre repos, mais ils n'ont pu vous attacher à l'erreur, parce qu'ils n'ont pu vous détacher de la vertu. L'ami de la vertu sera toujours celui de la religion : il n'y a que le méchant qui soit volontairement irréligieux : il n'y a que l'ennemi des hommes qui puisse être l'ennemi de Dieu : mais vous qui aimez l'humanité, vous qui chérissez votre patrie et qui jugez de la bonté d'une doctrine religieuse par son influence sur le bonheur public, quel intérêt auriez vous à la méconnoître, cette religion bienfaisante qui fit la gloire de vos ancêtres et des miens ? Quel intérêt auriez vous à voir obscurcir des vérités consolatrices sur lesquelles reposent les fondemens de l'ordre social et les principes de la morale universelle ? Vos préjugés sont l'ouvrage de votre siècle ; ils n'ont point de racine dans votre cœur ; mais vos sentimens sont à vous, ils appartiennent à votre ame, et c'est par eux seuls que je prétens vous ramener à la vérité ; c'est par eux seuls que je prétens vous réconcilier avec vous-même.

Plus accoutumé aux leçons de l'expérience qu'aux disputes de l'école ; étranger ainsi que vous aux discussions d'une abstraite philosophie, je n'irai point, au risque de me perdre dans les nuages de la métaphysique, je n'irai point m'engager avec vous dans de longues et savantes démonstrations : je laisse aux hommes doués d'une éloquence élevée à la hauteur du sujet, le soin de faire triompher la religion par ses preuves surnaturelles, et celui de combattre l'incrédulité avec les armes de la théologie : je ne veux employer dans cette lutte que celles que vous m'avez mises à la main ; je ne veux suivre d'autre marche avec vous que celle que j'ai suivie avec moi-même : oui, avec moi-même, que cet aveu ne vous étonne pas, mon cher ami ; je prends exemple sur votre franchise, et je ne suis pas meilleur qu'un homme : mes principes ont été les vôtres ; vos erreurs ont été les miennes ; je suis né dans le même siècle que vous, et, comme vous, j'ai partagé long-temps ses préjugés, j'ai long-temps encensé ses idoles ; j'ai suivi les leçons de ses novateurs; et ce n'est qu'à l'école de l'expérience que je me suis enfin désabusé de leur doctrine. Le malheur, ce grand apôtre de la divinité, le malheur fut le seul maître qui me ramena aux principes religieux qui font aujourd'hui mon bonheur.

. . . .

C'est au milieu du feu de nos discordes civiles que la vérité raluma pour moi son flambeau : c'est à la lueur terrible de cet incendie, que mes longues illusions se dissipèrent tout à coup, et que, témoin des orages et des crimes de la révolution, environné de tyrans et d'athées

ées, de victimes et de monstres, j'abjurai cette philosophie meurtrière et barbare qui tend à la ruine des peuples par la ruine des cultes, des mœurs et des lois. Ce fut alors que, profondément pénétré de la nécessité de la religion sur laquelle je n'avois jeté qu'un regard inattentif, je fis une étude plus sérieuse de ses rapports avec le bonheur de l'homme : j'analysai ses principes et ses conséquences, et je vis reposer sur ces principes les bases essentielles de la civilisation ; je vis dériver de ces conséquences l'ordre général de la société politique : j'observai sa marche dans l'histoire et les progrès de son établissement, et je vis que les progrès de la religion n'étoient que l'histoire de ses bienfaits; je vis que les nations s'élevoient avec elle au plus haut degré de gloire et de prospérité, et qu'elles tomboient sans elle dans le dernier degré de l'infortune et de l'avilissement.

Frappé de ce rapport constant et invariable, de cette liaison éternelle et indissoluble que je remarquois entre l'existence de la loi religieuse et l'état de la société civile, entre l'influence de la morale publique et le maintien du bonheur universel, rapport admirable et vraiment digne d'une providence conservatrice, que la raison, l'histoire et notre propre expérience établissoient en commun, je m'arrêtai à cette dernière preuve comme à celle dont le développement pouvoit intéresser le plus grand nombre de mes concitoyens, comme à celle qui convenoit le mieux aux temps et aux mœurs actuels, qui étoit le plus à la portée de toutes les intelligences et de la mienne en particulier, et pressé par le cours des évènemens, je jetai, confusément et sans art, sur le papier, toutes les idées, toutes les réflexions que mes connoissances acquises et les circonstances me suggéroient de concert sur ce sujet important. C'est ce travail si précieux pour moi-même, tout informe qu'il est, c'est ce travail que je soumets aujourd'hui à votre propre examen et qui va devenir le texte de nos entretiens : puisse-t-il vous rendre le même service qu'il m'a rendu !

Je m'étois égaré comme vous, faute de principes assurés ; je m'étois égaré par la lecture des mauvais livres avant d'avoir lu les bons : j'étois devenu incrédule sur la parole de mes maîtres, (comme le font la plupart de nos jeunes enthousiastes), et je ne connoissois la religion que par les blasphêmes de ses détracteurs, par les écrits des apôtres du matérialisme, des Voltaire, des Diderot, des Dalembert, des Helvétius, des Lamettrie, des Boulanger, et par cette énorme compilation qui les réunit tous: en abjurant les erreurs de la secte encyclopédique, je pris pour m'instruire une route directement opposée à celle que j'avois suivie jusqu'alors; j'étudiai les principes et les preuves de ma religion dans les écrits des philosophes religieux; je consultai les sages formés à l'école du christianisme, les Newton, les Leibnitz, les Bacon, les Pascal, les Bossuet, les Fénélon, (génies immortels qui appartiennent à tous les siècles), et j'entrepris de réunir dans une analyse raisonnée de mes lectures, sans déroger au plan particulier que j'avois adopté, les opinions et les sentimens de ces grands hommes qui ont consacré leurs veilles à la défense de la vérité.

Vous ne trouverez point dans cet écrit, rédigé pour mon instruction personnelle et pour celle des amis de la vérité, vous ne trouverez point de ces paradoxes brillans qui éblouissent sans éclairer et que le vulgaire admire d'autant plus qu'il les comprend moins; vous ne trouverez point de ces maximes hardies qui étonnent les ames foibles et qui excitent l'enthousiasme des esprits légers, ou de ces pensées cyniques qui n'ont que le mérite de faire rougir l'homme honnête, et qui font la fortune de l'écrivain aux dépens de la vertu du lecteur; viles ressources de la vanité qui ne conviennent qu'à l'égoïsme! Je n'ai sacrifié qu'au seul desir d'être utile; je n'ai aspiré qu'au seul mérite d'être entendu; et persuadé qu'un homme qui travaille pour le bien de ses semblables, ne doit avoir que l'ambition de les instruire, j'ai tâché de me dépouiller de toute espèce d'amour-propre pour ne faire triompher que les principes, et d'oublier tous les petits intérêts d'auteur pour ne laisser voir que le citoyen.

J'ai souvent emprunté de ceux qui ont écrit avant moi sur ces matières, j'ai souvent emprunté, sans les citer, des idées nécessaires à mon plan, et que j'aurois pu déguiser, comme tant d'autres, pour me faire honneur de mes larcins. L'art de rajeunir des idées anciennes pour leur donner un air de nouvauté, ou de faire revivre des auteurs oubliés pour établir une réputation moderne, est un art qui n'est pas nouveau, quoiqu'il s'exerce avec succès; et nos philosophes du jour, qui ont quelque fois, avec ceux des temps passés, un air de famille si ressemblant, pourroient nous en donner des leçons; mais comme je n'ai pas la prétention de passer pour un génie créateur, et celle de ne dire que des choses neuves en débitant des systêmes rajeunis, j'ai eu soin de signaler mes emprunts pour ceux qui n'ont pas lu les textes, et lorsque je me suis aidé du témoignage d'un écrivain dont l'opinion fait autorité parmi les sages, j'ai proclamé le nom de cet écrivain comme un argument de plus en faveur de ma cause.

Si vous comparez ces principes de morale publique et religieuse, principes consacrés par la sagesse des siècles, si vous les comparez, dis-je, avec ces recueils de maximes philosophiques que nos sages du dix-huitième siècle ont publiés à l'envi sous toutes les formes et sous toutes les couleurs, vous trouverez peut-être ces pensées, (qui n'ont que le mérite de la solidité), moins ingénieuses et moins piquantes que celles des novateurs. Séduire est le privilège des beaux-esprits ; mais si vous avez une ame patriotique et sensible, si l'intérêt de vos semblables vous touche plus que celui de vos amusemens, il est imposible que votre cœur ne se déclare pas pour celles-ci. Quel est l'ami de l'humanité qui, après avoir contemplé les ravages de l'athéisme parmi nous, puisse encore préférer aux principes de sociabilité défendus dans cet écrit, une doctrine antropophage qui tend directement à la ruine de toute civilisation? Pour un peuple qui auroit le malheur de la suivre, cette doctrine, il n'y auroit plus de gouvernement, plus de lois, plus de mœurs, plus de propriété, plus de patrie, plus de famille; le nœud social seroit détruit.

Quant à moi, mon cher ami; quant à moi qui n'attends plus rien des hommes, et qui, sans les nœuds de l'amitié, n'aurois rien à regretter sur la terre, s'il m'est permis de vous rendre ici quelque compte de moi-même, j'ai cédé, je vous l'avoue, au seul mouvement de mon cœur en composant cet ouvrage; j'y ai cédé en vous proposant de l'examiner aujourd'hui ; j'y cède encore en vous priant de le publier un jour : lui seul a conduit ma plume ; je l'ai écrit d'inspiration ; j'y ai répandu mon ame toute entière, et c'est l'expression de mon dernier vœu que je vous confie ; ce sont les derniers adieux d'un citoyen à sa patrie qu'il va bientôt quitter : ses malheurs m'ont usé ; je sens que mes forces dépérissent, et je me vois mourir, pour ainsi dire, en détail. J'ai voulu, avant de sortir de la vie, j'ai voulu prendre congé de mes concitoyens en leur laissant ce dernier gage de mon affection ; c'est un monument qui se ressent de la foiblesse de son auteur ; mais, s'il est utile aux amis de la vertu, s'il inspire à d'autres le courage d'en élever un meilleur, je n'aurai pas vécu en vain, et je ne mourrai pas sans honneur; il sera la pierre funéraire qui couvrira ma tombe.

AVERTISSEMENT

DE L'ÉDITEUR.

*L'*ENTRETIEN *qu'on vient de lire et qui est exact pour le fond, n'est point, comme on pourroit le croire, une de ces suppositions ordinaires dont un auteur se sert pour couvrir d'un nom officieux des vérités qu'il n'ose recommander sous le sien: je laisse ces précautions oratoires à ceux qui* *se défient de leur autorité ; je n'ai point cette modestie, et la cause que je défends se recommande assez d'elle-même. Cet entretien eut lieu quelque temps avant l'époque du dix-huit brumaire, entre moi et le citoyen* BAUDIN, *député du département des Ardennes au conseil des anciens, où il défendit avec courage et avec éloquence les intérêts de son pays qu'il eût le bonheur de sauver plus d'une fois par sa modération.*

Citoyen accompli, dans un temps où la patrie n'étoit nulle part et où l'égoïsme étoit partout, BAUDIN réunissoit toutes les qualités de l'homme public ; placé au centre de toutes les intrigues et de toutes les ambitions, au milieu des factions qui se disputoient l'empire, on ne le vit jamais porter les livrées d'aucun parti ; il marcha toujours seul et ne servit que les lois ; sa vertu imposoit aux ennemis de l'ordre, et son expérience éclairoit les gens de bien. Il avoit le talent rare de rapprocher les esprits les plus opposés, de rallier les cœurs autour de lui et de leur faire vouloir ce qu'il vouloit. L'ascen-

dant de son caractère entraînoit tout : doux et ferme tout ensemble, il n'avoit d'austérité que dans les principes et il ne connoissoit qu'une seule passion. La sensibilité de son ame étoit égale à la sévérité de ses mœurs ; son respect pour la justice et pour le malheur ne se démentit jamais : il osa plaider leur cause au péril de sa vie même, et jusque sous le glaive des proscriptions. En combattant la loi sur les droits successifs des émigrés, il s'écria : « Si parmi « des millions de coupables, il « s'en trouve dix innocens, la

« *loi qui les frappe tous indis-*
» *tinctement est injuste.* »

On sait qu'il mourût de joie entre les bras de ses amis, en apprenant la nouvelle de l'heureux retour de Bonaparte dans sa patrie, et cette mort, dans les circonstances difficiles où se trouvoit la France, cette mort si extraordinaire pour son siècle, est un panégyrique sublime du héros qui en fait la gloire, comme elle est la plus belle oraison funèbre de ce martyr du patriotisme. BAUDIN *a laissé une place vacante à l'institut national dont il étoit membre, et quelques ouvrages de politique et de littérature, parmi lesquels on distingue deux discours, dont le premier a pour objet d'offrir les moyens de terminer la révolution sans secousse ; le second présente le tableau de l'état de la république et des travaux de la convention à la fin de sa session. On a encore de lui un recueil d'anecdotes sur la constitution et un traité de la liberté de la presse : mais le plus considérable de ses ouvrages et le plus intéressant par son objet, est sans contredit, celui qu'on offre maintenant au public.*

Je dois à la vérité de déclarer ici que ce dernier ouvrage de mon illustre ami, n'est plus ce qu'il étoit à l'époque où je le reçus de ses mains, et qu'il a subi plusieurs changemens considérables, les uns sous les yeux de l'auteur, les autres depuis son décès. Distrait par ses devoirs, épuisé par ses longs travaux et frappé, pour ainsi dire, au pied de l'édifice qu'il avoit commencé, ce citoyen vertueux n'avoit pu y mettre la dernière main, et il nous l'avait laissé incomplet. Nous avons pris à tâche de le continuer, de saisir l'ensemble de son plan et d'en achever les parties les plus essentielles. Il nous a fallu, pour atteindre ce but, remonter à la source première de ses pensées, les suivre dans leur écoulement progressif, et combler les lacunes qu'elles offroient souvent au lecteur. Pour ne pas en retarder le cours ou interrompre le fil qui doit les rapprocher, nous avons rejeté à la fin de chaque discours les développemens et les autorités qui auroient pris trop d'étendue; nous avons ainsi conservé au texte toute sa précision sans rien sacrifier du mérite de la clarté.

Nous savons qu'une analyse est un résumé qui ne doit présenter que la substance des choses ; c'est le foyer du verre lenticulaire qui réunit les rayons dispersés : en respectant son travail et même quelques unes de ses imperfections, nous nous sommes fait un devoir religieux de n'y ajouter que des idées que nous lui devions, que lui-même avoit fait naître, et qui n'étoient que le résultat de ses propres lumières ou de nos entretiens avec lui. Ainsi ce que nous y avons mis du nôtre lui appartient, et nous n'avons réuni notre œuvre avec la sienne, qu'à titre de restitution ou pour lui en faire hommage. J'acquitte une dette de l'amitié. Héritier de ses principes et du fruit de ses veilles que les miennes ont augmenté, en léguant ce livre au public, je puis encore dire après mon ami : et moi aussi j'ai fait mon testament.

J'espère que mes compatriotes accueilleront avec indulgence les réflexions que ce livre renferme, et qu'ils feront grace à l'auteur en faveur de ses motifs. Il écrivoit sous la dictée du sentiment, et, comme lui-même le déclare en présence

présence des évènemens dont son cœur étoit affecté. Qu'on se représente un homme sensible, un citoyen zélé pour son pays, plein d'amour pour ses devoirs et de respect pour les mœurs ; entouré de factieux, d'égoïstes et d'athées se disputant sous ses yeux les derniers lambeaux de la misère publique ; l'ame profondément ulcérée par le spectacle déchirant de toute une génération sacrifiée à l'ambition et à l'avarice insatiables de ces spoliateurs déhontés ; obligé de se replier sur lui-même, de chercher une retraite dans le fond de sa conscience, et

5

rentrant chez-lui pour y pleurer sur les ruines de sa patrie qu'il défendoit inutilement à son poste, sans trouver un ami dans le sein duquel il put verser ses douleurs ou puiser des consolations, et on aura une idée de la situation de cet homme de bien, du sentiment mélancolique dont il étoit pénétré et qui perce à travers les réflexions qu'il confioit à la solitude.

LE CONSERVATEUR
OU
LES FONDEMENS DE LA MORALE PUBLIQUE.

OBSERVATIONS PRÉLIMINAIRES.

Nécessité des principes religieux.

Le dix-neuvième siècle doit être le premier juge du dix-huitième : c'est à lui qu'il appartient naturellement de prononcer entre ce siècle novateur et les âges précédens : c'est devant lui que doit être plaidée la cause la plus intéressante pour l'humanité entière, celle de la religion, de la morale et des lois.

Nos pères ont semé pour leurs enfans; ils nous ont laissé une riche moisson de principes et d'utiles vérités qu'il auroit fallu conserver ; et parce qu'il y avoit un peu d'ivraie mêlée avec la récolte, nous avons porté la faulx dans le champ paternel ; nous avons détruit toutes nos espérances, et nous sommes privés du fruit de leurs travaux.

Victimes du délire philosophique, nous avons imité ce faux sage, qui, pour être plus libre et plus indépendant de la fortune, jeta tout son patrimoine à la mer, ou plutôt nous avons fait comme ces héritiers imprudens, qui, pour se dispenser d'acquitter quelques dettes légitimes, renoncent publiquement à l'honneur et à la succession de leurs ancêtres.

Le grand siècle, (je parle du dix-septième), avoit vù briller les lumières de la France : au commencement du siècle dernier la patrie gémissoit encore sur la perte récente des plus grands hommes qu'elle ait produits ; il sembloit que ces génies sublimes eussent moissonné toutes les palmes de la gloire et épuisé son admiration : ils n'étoient plus, et tout étoit plein du souvenir de leurs noms.

Frappés de ces considérations, comme l'a dit un esprit sage, les beaux esprits de ce temps prirent un parti désespéré : ils virent qu'il n'y avoit plus qu'à glaner dans le champ de la vérité ; « Eh bien ! dirent-« ils, frayons-nous une autre route, « confondons toutes les idées, boule-

« versons tous les principes, flattons « les passions, détruisons la religion, « et nous appellerons cette nouvelle « doctrine de la philosophie. » (1)

Fidelle à ce premier plan, la secte encyclopédique a mis en problêmes tout ce que les siècles précédens avoient mis en principes : un pyrrhonisme universel s'empara de toutes les têtes et les tourna vers la nouveauté. Le siècle qui vient de finir a vu s'écrouler à la fois tous les monumens consacrés par la piété de nos ancêtres; gouvernement, lois, morale, religion, tout ce que ceux-ci étoient dans l'habitude de respecter a été foulé aux pieds de leurs enfans.

Quelles ont été pour la nation les

suites de ce systême dévastateur ? Les conséquences nécessaires et terribles qui résultent de la violation des principes naturels ; la démoralisation la plus complette de toutes les classes de la société, le débordement de tous les vices politiques, la ruine de l'éducation, la division des familles, la guerre civile, l'anarchie, le suicide, l'oubli des lois et le désespoir des gens de bien ; voilà les bienfaits de la moderne philosophie.

Environné des ruines de cette nouvelle tour de Babel que l'athéisme avoit élevée au milieu de nous, et qui, comme celle dont parle l'histoire, a fini par la confusion des langues et par la dispersion des ouvriers, j'ai cherché, sous cet amas de ruines, les antiques fondemens de nos institutions renversées ; j'ai découvert les matériaux précieux qu'elles encombroient, et j'en ai rassemblé les restes épars, pour en élever un temple à la vérité.

Plein d'un souvenir douloureux en présence de ces ruines éloquentes, et inspiré par mon zèle, « Faisons, me suis-je dit à moi-même, faisons pour la vérité ce que d'autres ont fait pour l'erreur et pour le mensonge ; faisons pour la religion et pour la patrie, pour la morale et pour les lois, ce que d'autres ont fait pour l'athéisme et pour le crime, pour la licence et pour tous les vices; vivons armés pour la défense de la vertu, au milieu des sophistes armés pour le triomphe de l'anarchie. »

Les corrupteurs de la morale s'étoient ligués contre tous le principes conservateurs de l'ordre social; ils avoient mis leurs vices en commun: moi, j'ai formé une ligue de tous les génies bienfaisans et vertueux qui ont éclairé l'esprit humain ; j'ai appelé en témoignage de la plus belle des causes, les sages de tous les temps et de toutes les contrées, et j'ai invoqué contre les novateurs l'expérience de tous les siècles. (2)

Les détracteurs de la religion avoient rassemblé dans un grand ouvrage tous les dogmes sacrilèges du matéralisme ; ils y avoient concentré leurs poisons: moi, j'ai consacré celui-ci à la recherche et à la défense de toutes les vérités nécessaires au bonheur de l'homme en société; j'ai opposé aux disciples obscurs des Vanini et des Spinosa, tous les hérauts du christianisme ou de la loi naturelle, et je les ai cités avec leurs adversaires en présence de leurs juges.

Ainsi, cet ouvrage dicté par l'amour du bien public en faveur des principes religieux, n'est point un livre de circonstance : l'éditeur n'a rien négligé pour justifier son titre; convaincu de son insuffisance pour une entreprise de cette nature, il s'est environné de la sagesse de ses prédécesseurs ; il s'est armé, pour ainsi dire, de leur autorité, et devenu leur rapporteur dans cette grande cause, il n'a pas oublié que son livre est un appel à ses contemporains des préjugés d'un siècle qui fut long-temps leur premier maître. (3)

Ecrivains, moralistes, instituteurs! vous tous à qui la providence a donné quelques moyens d'influence sur le bonheur de vos semblables! qui que vous soyez, quelles que soient vos opinions particulières, si vous avez une religion et une patrie, nous sommes concitoyens, nos intérêts sont communs, nos obligations sont les mêmes; je vous appelle ici à concourir avec moi à l'œuvre la plus utile qui puisse être exécutée par des hommes en faveur de l'humanité.

Il s'agit de concourir au bonheur d'un grand peuple, d'un peuple qui a parcouru toutes les routes de la gloire, qui doit influer sur la destinée de tous les autres, et qui, après avoir dicté la paix à ses voisins, vient de se donner des lois à lui-même. Placé sur un sol heureux, comblé des dons de la nature, environné de l'éclat des arts et éclairé de la lumière des sciences, il ne lui manque, pour assurer sa prospérité, que de retourner aux principes qui l'ont civilisé et d'accorder ses mœurs avec ses institutions.

Malheur à l'homme qui désespéreroit du salut de son pays ! ou à celui qui craindroit de se mesurer avec ces génies audacieux qui n'ont pas craint de sacrifier à leur honteuse célébrité tout ce qui fait la gloire et le bonheur du genre humain ! Ecrivains égoïstes et pusillanimes ! vivez en paix avec l'ennemi commun, jouissez en silence de votre sécurité et demeurez spectateurs indifférens ; ce n'est pas à vous qu'il est donné de répondre à notre appel.

C'est à vous, hommes de lettres-citoyens, qui ne séparez pas votre gloire de la gloire de votre patrie, c'est à vous seuls qu'il appartient de joindre ici votre voix à la voix des amis de l'humanité. Pour soutenir la défense des mœurs tous les gens de bien sont solidaires. Eh ! pourquoi hésiterions-nous d'entrer en lice avec les corrupteurs de la nation ? Si nous combattons contre le génie du mal, et si nous n'avons pas pour nuire leurs funestes talens, n'avons-nous pas pour nous la justice de notre cause et l'ascendant de la vérité ?

Toutes les bonnes maximes sont dans le monde, a dit Pascal, il ne s'agit que de les appliquer. Assez et trop long-temps une secte conspiratrice a répandu parmi nous ses maximes désolantes et ses paradoxes insensés. Assez et trop long-temps le monstre de l'athéisme a vomi au milieu de nous ses blasphêmes scandaleux et ses systêmes extravagans ; il faut maintenant, oui, il faut conspirer pour la vertu comme ils ont conspiré pour le crime.

Il ne suffit plus d'avoir rendu à la religion ses autels, il faut encore lui rendre son influence sur les mœurs ; il faut prévenir la corruption de tous les principes, en s'opposant à tous les moyens dont on s'est servi pour détruire sa puissance.

L'athéisme populaire, et nous en voyons les effets, est la peste la plus terrible qu'ait à redouter l'Europe civilisée. Un peuple d'athées seroit bientôt un peuple de monstres ; il seroit l'effroi de l'univers et finiroit par le suicide. (4)

L'athéisme populaire, on l'a dit avec vérité, est la source de tous ces crimes nouveaux, qui, depuis quelque temps, épouvantent autant par leur nombre que par leur atrocité. Ce n'est plus dans l'obscurité, ce n'est plus dans les bois et sur les grands chemins, c'est dans les familles qu'on assassine : les noms de père, de mère, de frère, de sœur, de mari, d'épouse, ces noms si révérés autrefois, se traînent aujourd'hui souillés, couverts d'opprobre dans les tribunaux, dans les prisons et sur les échafauds !

Quelle sauve-garde reste-t-il donc à la société quand il n'y a plus d'espoir ni de terreur pour le coupable? Tandis qu'à la voix de la religion, le repentir pénètre encore avec elle dans ces cœurs effrénés, sans doute la justice humaine peut se flatter de donner un exemple utile à la société, lorsqu'elle condamne à perdre la vie celui dont elle ne peut arrêter la main ; mais lorsque, dépouillé de la honte et des remords, le méchant insulte à la justice divine qui le livre à la vengeance des lois, et que son dernier mot est un blasphême, alors tout est perdu; l'autorité qui frappe sur le crime ne peut en arrêter le cours. (5)

Combien ils sont coupables, ces écrivains téméraires qui ont arboré publiquement, sous nos yeux, l'étendard de l'impiété, et qui ont creusé le tombeau de leur patrie de la même main dont ils ont sappé les fondemens de la morale! Viles idoles de leur siècle dont ils furent à leur tour les adulateurs; complices de tous les désordres qu'ils ont provoqués par leurs écrits, ils répondront au tribunal de la postérité de tous les malheurs qu'ils ont légués au genre humain, et leur mémoire, poursuivie par la haine des peuples, demeurera éternellement couverte de la malédiction des siècles.

François! qui vous glorifiez d'avoir conquis la liberté par vos victoires et qui voulez sans doute aussi la conserver, si l'honneur national vous est cher, si vous êtes sensibles à la gloire véritable, si vous avez un esprit public et des vues libérales, imitez ces nations anciennes et généreuses qui vous ont précédé dans la carrière du patriotisme, portez dans votre code une loi sévère contre les blasphémateurs et mettez l'athéisme déclaré au rang des crimes, infligez une peine à l'impie qui insulte ouvertement au culte établi, et que l'ennemi de la religion soit traité parmi vous comme l'ennemi de son pays. (6)

Une grande révolution politique s'est opérée au milieu de vous; un nouvel ordre de choses s'est établi sur les ruines de l'ancien ; je n'aurai pas la témérité d'en être le juge ; je n'aurai pas celle de censurer les actes de votre volonté souveraine, mais j'aurai le courage de vous dire une vérité nécessaire, et cette vérité la voici : « Si la ré-« volution qui s'est opérée dans vos « lois n'est suivie d'une égale ré-« volution dans vos mœurs, et si « vous ne redevenez enfin religieux « après être devenus citoyens, c'en « est fait de l'existence du peuple « françois, sa dissolution est cer-« taine : tout peuple qui s'éloigne « des institutions qui l'ont policé, « marche vers sa ruine. »

La France républicaine, la France victorieuse auroit en vain triomphé de tous ses ennemis extérieurs et reculé ses frontières au-delà des anciennes limites de la monarchie, en vain elle auroit étouffé dans son sein le germe des discordes intestines et posé sur la tombe des factions les bases du gouvernement populaire ; en vain elle auroit élevé au sein de la paix religieuse l'édifice de sa législation civile, et préparé, par l'accord des deux pouvoirs, la réforme des mœurs nationales, si la génération qui s'élève au milieu de la contagion des vices dominans, ne trouve dans l'instruction publique le préservatif des erreurs dont nous fûmes les victimes, nous aurons donné, sans doute, un grand spectacle à l'univers, mais nous n'aurons rien fait pour le bonheur de la patrie.

Le siècle qui va commencer doit être un siècle réparateur ; il doit être celui de la raison : les malheurs nous ont instruits, et nous sommes mûrs pour la vérité. Le règne des sophistes est passé ; l'école des novateurs est déserte : nous avons épuisé toutes les sottises de l'esprit humain ; et, après un cours d'expérience morale aussi complet que celui que nous venons de terminer, il est temps de revenir aux principes abandonnés, à ces principes consolateurs qui ont fait le bonheur de nos pères et qui doivent préparer celui de nos enfans. Le temps seul est irréparable ; profitons des fautes du passé ; étendons notre vue sur l'avenir, et souvenons-nous de ce mot d'un sage de nos jours : « Il

« faut prendre le moment où les
« eaux sont basses pour travailler
« aux digues. Il y a de mauvais
« exemples qui sont pires que des
« crimes, et plus d'états ont péri
« parce qu'on a violé les mœurs
« que parce qu'on a violé les lois. »

REMARQUES ET AUTORITÉS.

(1) LORSQUE la philosophie parmi nous étoit dans son enfance, elle avoit l'air d'une fille bien née et promettoit de devenir la plus tendre des mères; elle annonçoit aux mortels le bonheur, à l'humanité souffrante le soulagement, à tous les cultes la tolérance; elle parloit de la religion avec respect et sembloit ne vouloir qu'ajouter à sa beauté, à son utilité, en la dégageant de quelques accessoires superflus, afin de mieux ouvrir la source des vertus et du bonheur.

C'étoit sur-tout la morale chrétienne qui faisoit l'objet de son admiration ; quand elle en parloit, elle paroissoit sentir son infériorité, et pour la cacher, elle alloit embrasser l'immortalité.

Mais bientôt, en grandissant, elle prit un vol plus hardi : se voyant entourée de prosélytes, accueillie des grands, admirée de près comme de loin, elle ne voulut plus rivaliser avec la religion, elle voulut régner toute seule.

Bientôt cet orgueil la porta à déclarer la guerre à la religion, à l'attaquer avec l'arme du ridicule, à s'égayer sur son compte, et flattant les passions des mortels, leur assurant un libre cours, elle attiroit dans son sein tous les amis des plaisirs du monde.

Joignant à cet attrait la perspective des richesses de l'église, de la diminution des impôts, de la prospérité des états,

états, la nouvelle philosophie sembloit offrir la mine d'or la plus féconde à exploiter.

Qui eût cru qu'au lieu d'or elle ne produiroit un jour que du papier, au lieu d'abondance la disette, au lieu du bonheur les plus grandes calamités, et qu'en détruisant nos institutions elle ne nous laisseroit en partage que des ruines ?

La nouveauté a pour la plus grande partie des hommes un charme irrésistible, sur-tout quand l'amour-propre et l'intérêt croient y trouver leur compte. S'élever par les conceptions de la nouvelle philosophie au-dessus du vulgaire, faire cause commune avec ses coryphées, penser comme les grands génies du dix-huitième siècle, cela donnoit une haute idée de soi-même !

Cependant, quelques esprits sages

observèrent plus d'une fois aux chefs de la nouvelle secte, que les philosophes ne faisoient que détruire sans songer à reconstruire ; qu'ils vouloient faire tomber la religion établie sans rien avoir pour la remplacer.

« Il faut pour cela, a répondu Da-« lembert, avoir l'autorité en main ; il « faut que le gouvernement, pour pro-« fiter des lumières de la philosophie, « s'entoure de philosophes, alors le bien « pourra se faire. » On a vu un grand gouvernement entouré de philosophes ; on a vu le plus beau pays de la terre entre leurs mains : on sait ce qu'ils en ont fait.

L'explosion de cette philosophie, soutenue par l'effervescence que produisent toutes les nouvelles idées parmi un peuple vif et impatient, idées que l'on fortifioit par la promesse de l'âge d'or, par les caresses que l'on faisoit son amour-propre, étoit en outre [illegible]igée par ces assemblées secrettes aux[illegible]elles présidoit depuis long-temps le [illegible]ie de la destruction.

Ainsi les principes de la démocratie [illegible] d'une fausse philosophie, qui ont été [illegible] source des convulsions politiques, des troubles intérieurs, des calamités publiques, de tous les genres de tyrannie et des factions successives que les François ont éprouvées, ont reculé pour dix ans cette douce et saine philosophie, l'alliée naturelle de la religion, qui devoit assurer à la France la liberté en mettant des bornes à la licence, et, par un gouvernement sage et tempéré, procurer aux François la jouissance paisible des précieux avantages et des faveurs multipliées qu'ils tiennent de la nature.

(2) L'EXPÉRIENCE est la pierre de touche des institutions sociales. Dans l'art de gouverner et d'administrer les états, en politique, en religion, en morale, les idées les plus vraies, les règles les plus sûres, nous les devons à l'expérience; les hommes de génie n'ont fait que les remarquer, et c'est ce qui les a rendus grands et immortels. C'est donc ceux-ci qu'il faut écouter; ce sont les règles sûres qu'il faut suivre quand on veut gouverner les peuples et leur donner des lois sages.

Mais lorsque le législateur méprise et ces règles et ces grands-hommes, c'est une preuve qu'il veut tout renverser, et « il amène alors toujours ces « temps de trouble, comme observe « Rousseau, pour faire passer à la fa- « veur de l'effroi public, des lois des- « tructrices que le peuple n'adopteroit « pas de sang-froid. »

Le génie ne consiste pas exclusivement dans l'invention; il consiste bien plus dans l'application des moyens né-

...ssaires pour exécuter une grande entreprise, ou pour maintenir un ordre de choses que le temps et l'expérience ont consacré.

Le génie ne tend qu'à conserver et à perfectionner ; et s'il détruit il a des matériaux tout prêts pour rebâtir, et sur-tout il n'a pas oublié l'équilibre. Voilà ce qui devoit nécessairement manquer aux disciples des Voltaire, des Diderot, des Helvétius, des Raynal, puisque leurs maîtres ne leur avoient [illegible] laissé, ni pour rebâtir ni pour établir un nouvel équilibre.

L'expérience a été dédaignée ; et de là vient que les espérances brillantes, les promesses magnifiques de la philosophie ont disparu comme un songe, et qu'après dix ans d'essais aussi infructueux que malheureux, il a fallu rétrograder, reprendre ce qu'on avoit rejeté, trouver beau et durable ce qu'on avoit méprisé.

C'est alors que l'on distingue les vrais grands-hommes de ceux qui n'ont fait que flatter nos passions, qui n'ont écrit que pour nous montrer leur imagination et faire briller leur esprit aux dépens d'une génération entière. C'est alors que l'expérience fixe pour toujours le mérite des écrivains qui ne sont plus ou qui sont encore.

C'est alors qu'on met à leur place les Diderot, les Helvétius, les Raynal, et qu'on reconnoît la vanité de l'imagination humaine quand le créateur n'y est entré pour rien. C'est alors que l'on regarde Voltaire comme infiniment au-dessous de Montesquieu; « On croît « voir celui-ci, comme l'a dit ingénieu« sement un de nos écrivains, habiter « un grand palais, entouré de sages, « au milieu de la meilleure compa« gnie, tandis que Voltaire se présente « couvert de haillons au milieu des « ruines et des sans-culottes. »

Est-il en effet digne d'un grand-homme de détruire sans savoir rebâtir, d'ôter des consolations sans savoir les remplacer, de faire d'un peuple religieux un peuple licencieux et malheureux, d'employer enfin ses talens à faire naître « *un beau tapage dans le* « *monde*, *à estimer les jeunes-gens* « *bien-heureux*, *parce qu'ils verront de* « *belles choses*? » On sait ce qu'ils ont vu.

(3) Le prétendu siècle de lumière paroît déjà bien obscur, et il s'obscurcira davantage à mesure que les vraies lumières reparoîtront. Que restera-t-il bientôt des productions licencieuses de ce siècle? la corruption des mœurs en fera sentir de plus en plus le danger; on reprendra les anciennes comme les hommes non-frivoles les reprennent déjà. Rien en fait d'esprit n'est durable que le vrai; rien n'est beau que ce qui est durable.

Depuis Voltaire et toutes les frivolités qu'il a mises au jour ou qu'il a fait naître, la lecture des anciens, et même des meilleurs écrivains modernes, étoit négligée. Montagne, Bossuet, Fénélon, Montesquieu, languissoient dans les bibliothèques, sans doute, pour attendre que l'expérience vînt justifier tout ce qu'ils avoient enseigné de salutaire aux hommes.

On étudioit la religion dans Voltaire, la morale dans Helvétius, le droit public dans Raynal, la législation et l'art de gouverner dans Rousseau, dans Thomas-Payne. Montesquieu, malgré quelques erreurs qui ont servi d'ombre à son beau génie, Montesquieu, si digne d'être l'oracle des François, étoit livré à l'oubli. S'il eut vécu dans les premières années de la révolution, il eut été proscrit.

Ce qu'il y avoit de plus surprenant

encore, c'étoit de voir beaucoup de souverains de grands comme de petits états, partager ce délire politique, cet aveugle enthousiasme de la multitude, mettre de côté les auteurs qui avoient le mieux défendu l'autorité royale et la religion, pour ne lire, pour n'accueillir que ceux qui minoient les trônes et les autels.

Faut-il s'étonner que le siècle des lumières soit devenu le siècle des emprunts, des ballons, des systêmes, des révolutions ? Faut-il s'étonner si les lettres ont perdu de leur intérêt et les gens de lettres de leur considération ? c'est une suite de l'abus qu'ils ont fait de leurs talens. La considération ne s'attache qu'aux hommes qui se respectent eux-mêmes.

Mais quand l'opinion se rectifie, quand le bon goût renaît, quand les ouvrages *qui forment la bibliothèque commune des nations* et où les lois divines et humaines sont respectées, retrouvent beaucoup d'amateurs; c'est alors que les gens de lettres, n'ayant en vue dans tous leurs travaux que le rétablissement des mœurs, la propagation des principes qui maintiennent l'ordre et la paix, qui attachent les peuples à leur religion et à leur gouvernement, regagneront les cœurs qu'ils ont perdus, et que la considération viendra les environner de toutes parts.

Est-il une plus belle source pour les gens de lettres que l'amour de l'humanité? Que de riches sujets à y puiser! Et combien, en y puisant avec adresse, ne réduiront-ils pas au silence ces écrivains stériles dont la plume ne peut s'exercer qu'aux dépens des mœurs et du bon ordre? C'est alors qu'ils rendront à la philosophie la beauté qu'elle avoit dans son enfance, et qu'elle remplira avec un éclat plus heureux les belles promesses qu'elle nous avoit faites. S'ils jouissent de quelqu'élévation ou de quelque pouvoir, qu'ils se rappellent les paroles mémorables de Fréderic-le-grand, prêt à descendre au tombeau : « *Je voudrois pour la plus belle de mes* » *victoires, laisser la religion dans* » *l'état où je l'ai trouvée en montant* » *sur le trône.* »

(4) « *L'effet inévitable de l'a-* » *théisme*, dit un grand homme, *est de* » *nous conduire à l'idée de notre indépen-* » *dance, et conséquemment de notre ré-* » *volte.* » On ne prouvera jamais, sans les secours de la religion, qu'on doive obéir aux lois, respecter ses magistrats, servir sa patrie et aider ses concitoyens. On pourra contraindre les hommes, mais jamais les persuader. Une fois que les liens de la société nuiront à leurs intérêts, ils les briseront avec violence ; de là les révolutions sanglantes, les discordes civiles et la dissolution de l'état.

Les lois n'ayant plus qu'une force humaine, changeront avec les goûts et les caprices de la multitude; les crimes ne seront plus qu'une noble audace s'ils sont suivis du succès, et qu'une fatale imprudence s'ils sont atteints par le glaive des lois.

La politique qui inspire à la société le projet de punir ses membres indociles, inspire à ceux-ci assez d'adresse pour se dérober à la peine. Les attentats les plus inouis pourront être considérés comme des droits par chaque citoyen; car le serment qu'il a fait de se soumettre aux lois, n'ayant de valeur que s'il repose sur la religion, dès qu'il manque de cet appui, il peut le violer quand il voudra, se mettre en état de guerre contre la société et chacun des individus qui la composent.

Dès qu'on n'évite le crime que par la crainte des lois, dès qu'on pourra les braver, les éluder ou s'y soustraire, on fera bien. La force et l'adresse autorisent tout chez un peuple sans religion ; les crimes s'y multiplieront chaque jour ; un scélérat heureux en fera naître mille.

Les lois, dira-t-on, deviendront plus sévères ; oui, mais les magistrats plus corrompus et moins vigilans ; l'innocence sera punie, le crime absous, et le nombre des criminels croîtra avec celui des échafauds. La justice perd toute sa puissance, quand, réduite à punir les crimes, elle est privée du seul moyen par lequel elle pourroit les prévenir.

Ce peuple ne sera donc susceptible d'aucune liberté politique, parce qu'il sera nécessairement turbulent et emporté : il agira sans cesse contre le gouvernement ; il faudra donc que le gouvernement agisse sans cesse contre lui ;

il en changera souvent, mais il ne fera que changer de maîtres ; il déclamera sans cesse et sans mesure contre les lois ; les lois seront donc forcées à lui imposer silence, et la liberté la plus précieuse à l'homme, celle d'exprimer sa pensée, lui sera ravie par l'abus qu'il en aura fait.

C'est sur-tout dans les états libres que la religion est un frein nécessaire aux peuples. « *C'est là*, dit Polybe, *que*, « *pour n'être pas obligé de donner un* « *pouvoir dangereux à quelques hommes*, « *la plus forte crainte doit être celle des* « *Dieux.* »

(5) « *MOINS la religion sera répri-* « *mante*, dit Montesquieu, *plus les lois* « *civiles doivent réprimer.* » Mais si la religion ne réprime plus, et si les plus grands crimes ne sont punis que par une mort douce, combien alors la sûreté des citoyens n'est-elle pas exposée ? et les crimes qu'enfante l'esprit d'irréligion sont d'une espèce nouvelle et d'une nature effrayante. Comme leurs auteurs ne reconnoissent plus de frein, et qu'ils ne sont retenus par aucune crainte, ils se font un rempart de crimes.

« Puisqu'il n'y a plus de récompense « ni de châtiment après la mort, se dit « l'homme sans religion et sans pro- « priété, pourquoi viverois-je dans la « misère? pourquoi travaillerois-je pour « le riche, et ne lui prendrois-je pas « plutôt ce qui me convient? » Voilà la vraie source des brigandages qui ont désolé et qui désolent encore plusieurs de nos départemens.

Voyez, ô vous qui doutez de la nécessité des principes religieux, voyez dans quelle progression aussi rapide qu'allarmante, le nombre des délits publics et particuliers s'est accru dans ces derniers temps! combien de forfaits nouveaux, d'attentats inouis jusqu'alors se sont commis, pour ainsi dire, à la face de nos tribunaux!

Rappelez-vous ces exemples scandaleux et si multipliés d'une dépravation inconcevable et quelquefois atroce, ce libertinage sans frein, cette cupidité sans bornes, ces suicides si nombreux, cette insolence des coupables qui montrent jusqu'au dernier moment, non seulement le mépris de la mort, mais l'orgueil du crime.

Rappelez - vous, méditez ce mot connu d'un brigand : « *Il est beau pour un voleur de mourir sur une caisse.* » N'oubliez-pas qu'il ajouta : « *On nous eut applaudis sur le théâtre.* » Ces deux mots donnent une idée juste et terrible de cette impudence abominable et honteusement nouvelle qui place la vanité jusques dans les forfaits.

Telles sont les suites inévitables de la

corruption de tous les principes, quand ils ne sont plus soutenus par les principes de la religion ; plus de craintes alors, plus de repentir, et conséquemment plus de justice. Les lois sont impuissantes quand il n'y a plus de frein qui commande aux passions.

O vous, qui, placés au milieu de ce foyer de corruption, gardez un coupable silence, et qui vous croyez quittes envers votre patrie lorsque vous êtes exempts des crimes dont elle est la victime, sortez enfin de votre létargie et sachez que ce silence est une trahison. Tout citoyen est défenseur né de son pays et lui doit le tribut de son zèle et de ses services. C'est à présent qu'il faut élever la voix dans nos villes et dans nos campagnes pour proclamer les vérités protectrices de l'ordre social et politique, pour faire entendre aux uns des leçons utiles, pour offrir aux autres des consolations nécessaires, et pour prouver à tous que tout ce qui offense la religion, blesse la société et finit par la détruire. Voilà les vérités devenues plus que jamais nécessaires aux peuples.

« *La gloire d'avoir participé au salut* « *de la France*, a dit un philosophe-« citoyen, *appartiendra à tous ceux qui* « *contribueront à y donner l'impulsion* « *aux vertus qui sauvèrent les em-* « *pires les plus célèbres de la chute* « *dont ils étoient menacés.* »

(6) *LA liberté de la presse* a toujours été le cri de ralliement de nos modernes instituteurs, et leur sophisme perpétuel est de confondre la liberté de penser avec la liberté de tout dire; liberté la plus funeste dans un corps politique, parce qu'elle tend à en désunir tous les membres. Sans doute, quelles que puissent être les opinions d'un homme, s'il les renferme en lui-même, elles n'appartiennent point aux lois, elles appartiennent à Dieu seul qui s'en est réservé le jugement ; mais la publication d'une opinion dangereuse est un acte qui trouble la société, qui compromet son repos, sa sûreté, son bonheur, sa gloire, et que les dépositaires de l'autorité publique doivent réprimer.

« Ce fut avec raison, dit Cicéron, « que les Athéniens bannirent de leur « ville et de leur territoire Protagoras « d'Abdère, sophiste fameux dans son « temps, et qu'ils firent brûler ses livres « dans une assemblée publique, parce « qu'il en avoit commencé un par ces « mots : *Quant à ce qui concerne les* « *Dieux, je ne puis assurer s'ils existent* « *ou s'ils n'existent pas.* » (*De nat. deor. Lib. I.*)

On ne croyoit donc pas dans cette république, qu'on dut permettre d'y professer l'athéisme ; et l'on croyoit que sans religion tous les liens de la société

seroient bientôt rompus. En effet, comme
le dit Montesquieu, « la religion, même
« fausse, est le meilleur garant que
« les hommes puissent avoir de la pro-
« bité des hommes. » (*Esp. des lois.*
Liv. 24. ch. 8.)

En relevant l'absurdité des anciens
systêmes, Bayle fait une remarque bien
importante. « Quelque fausses et insen-
« sées, dit-il, que soient ces hypothèses,
« je ne m'étonne plus, comme je le fai-
« sois, qu'elles aient pu être admises
« par des philosophes. La plupart d'en-
« tre eux supposoient que l'ame de
« l'homme est corporelle; or, dès
« qu'on a fait ce pas on va bien loin
« en peu de temps. Recueillons de tout
« ceci qu'il n'y a rien de si contagieux
« que d'établir de faux principes. »
(*Bay. dict. rem. 9.*)

« Le systême de Spinosa et des
« athées qui adoptent ses abominables

« rêveries, dit encore le même, sur-
« passe l'entassement de toutes les ex-
« travagances qui se puissent dire; c'est
« la plus monstrueuse hypothèse qui
« puisse s'imaginer, la plus absurde.
« Un athée ne pouvant être poussé à
« dogmatiser, ne pourra alléguer aux
« magistrats cette sentence : Il vaut
« mieux obéir à Dieu qu'aux hommes,
« que nous regardons comme une bar-
« rière impénétrable à tout juge sécu-
« lier. Un athée, destitué qu'il est de
« cette grande protection, demeure jus-
« tement exposé à toute la rigueur des
« lois, et il pourra être châtié comme
« un séditieux, qui, ne croyant rien
« au-dessus des lois humaines, ose
« néanmoins les fouler aux pieds. »
(*Œuv. Tom. III.*)

Rousseau ne s'est pas exprimé avec moins d'énergie sur le même sujet : « Rien de si détestable, dit-il, que « cette licence sacrilège de contester

« l'existence de Dieu. Si l'athéisme ne « fait pas verser le sang, (il n'avoit « pas vu la révolution), c'est moins « par amour de la paix que par indif- « férence pour le bien. Ses principes « ne sont pas de tuer les hommes, « mais ils les empêchent de naître en « détruisant les mœurs qui les multi- « plient, en les détachant de leur es- « pèce, en réduisant toutes leurs affec- « tions à un secret égoïsme aussi fu- « neste à la population qu'à la vertu. » (*Emil. Tom. III.*)

Et ailleurs, « L'existence de la divi- « nité puissante, intelligente, bienfai- « sante, prévoyante et pourvoyante, la « vie à venir, le bonheur des justes, « le châtiment des méchans, la sain- « teté du contrat social et des lois, « voilà, dit-il, des dogmes sans lesquels « il est impossible d'être bon citoyen ni « sujet fidèle. Sans pouvoir obliger « personne à les croire, le souverain peut bannir de l'état quiconque ne les croit pas, non comme impie, mais comme insociable, comme incapable d'aimer sincèrement les lois et d'immoler au besoin sa vie à son devoir. » (*Cont. social.*)

Et encore ailleurs : « Les impiétés sont punissables, parce qu'alors on n'attaque pas seulement la religion, mais ceux qui la professent : on les insulte, on les outrage dans leur culte, on marque un mépris révoltant pour ce qu'ils respectent, et par conséquent pour eux. De tels outrages doivent être punis par les lois, parce qu'ils retombent sur les hommes et que les hommes ont droit de s'en ressentir. » (*Lett. écrit. de La-Mont.*)

Enfin, l'auteur de l'article Athéisme, dans l'encyclopédie, (dont l'autorité, sans doute, ne paroîtra pas suspecte en cette matière), s'est exprimé ainsi :

« Le plus tolérant conviendra en effet
« que le magistrat a droit de faire périr
« ceux qui professent l'athéisme ; car,
« s'il peut punir ceux qui font du tort
« à une seule personne, il a sans doute
« autant de droit de punir ceux qui en
« font à toute une société ; non-seule-
« ment ceux qui nient l'existence de la
« Divinité, mais encore ceux qui ren-
« dent cette existence inutile en niant
« la providence ou en prêchant contre
« son culte. » (*Encycl. art. Athéisme.*)

Voilà la règle solidement établie par ces écrivains. Si quelques uns d'entre eux ne l'ont pas fidèlement suivie, ils n'en sont que plus coupables. Méchans serviteurs, leur dira le Dieu que, sur la foi de leurs passions, ils auront feint de méconnoître, c'est par votre bouche, c'est par vos propres écrits que je vous condamne. *De ore tuo, te judico servè nequam.*

Concluons

Concluons de ces principes que chez une nation qui veut faire revivre les mœurs et la vertu, l'imprimerie doit être soumise à l'examen le plus scrupuleux et aux lois les plus sévères ; et sur-tout, comme l'observe un esprit sage, l'impression de ces ouvrages périodiques qui sont entre les mains de tout le monde, qui, pour le goût, la religion et les mœurs, donnent le ton à la partie de la nation la plus éclairée, et par-là, changent insensiblement dans tous les états la façon de voir et de penser. Dans les lois de la morale comme dans celles qui règlent l'action des corps physiques, la corruption ne monte pas, elle descend : c'est lorsque toute moralité est éteinte dans les individus sur lesquels l'illustration, le crédit ou les lumières fixent l'œil de la multitude, que la démoralisation devient universelle.

La liberté indéfinie de la presse,

chez une nation qui tend à se régénérer, est comme une arme dangereuse entre les mains d'un enfant ; si on ne la lui ôte pas, il en reçoit une blessure, et elle devient l'instrument de son malheur.

PREMIER DISCOURS.

Conséquences de l'athéisme populaire.

Un philosophe grec, contraint après le naufrage de son vaisseau, d'aborder une plage inconnue, à la vue de quelques figures de géométrie tracées sur le sable, s'écria : « Dieu soit loué! je vais me trouver parmi des hommes. » Je suis moins heureux que ce sage ; je vois la main de Dieu empreinte sur toute la nature, et son nom presque enseveli sous les ruines de ma patrie. Je demande ce père des êtres à tout ce qui s'honore du nom de ses enfans, et le néant semble me répondre par son éternel silence ; et mes regards ne peuvent tomber sur des hommes, ils ne rencontrent que des athées !...

II. Quelle révolution nouvelle s'est donc faite dans ma patrie ? quel bouleversement étrange s'est opéré tout-à-coup sur le sol de la France ? que signifient ces ruines accumulées, ces monumens épars sur la poussière ? que nous disent ces temples antiques et vénérables livrés au silence, à la dévastation ? et ces tombeaux profanés, ces pierres sépulchrales de nos ayeux dispersées et foulées aux pieds de leurs enfans ? que nous disent-ils ?... que le Dieu des nations, le Dieu de nos pères n'a plus d'autels parmi nous. (1)

III. La France moderne, la France civilisée seroit-elle devenue la proie de quelques uns de ces essaims de barbares dont nous parle l'histoire, et que le Nord vomissoit autrefois sur l'Europe ? Les Vandales, ces féroces conquérans si redoutés de nos ancêtres, les Vandales seroient-ils ressuscités de leurs cendres, et du fond de leurs âpres forêts seroient-ils venus fondre de nouveau sur nos contrées pour y exercer leurs brigandages ? Non ... ce ne sont point les barbares de ces siècles reculés qui nous ont envahis ; ce sont les philosophes du dix-huitième siècle.

IV. Au milieu d'un peuple aimable et poli, mais livré à tous les excès de la civilisation, une secte ambitieuse et sacrilège s'est formée, qui s'est déclarée l'ennemie de toute les institutions existantes, de la religion et du gouvernement, des autels et du trône ; une voix sauvage et séditieuse s'est élevée, qui a dit à toute une génération : « Tes malheurs viennent de l'état social ; « tes crimes sont l'ouvrage des lois ; « tes principes sont des préjugés ; « brise ces instrumens de ta servitude et rentre dans le sein de la « nature, tu y retrouveras le bonheur avec l'indépendance. » Voilà ce que les maîtres modernes ont dit, et les disciples aveugles ont obéi à la voix des maîtres. (2)

V. Détournons nos regards de ce tableau et portons-les dans le sein de la société. Que vois-je ? ce ne sont plus ici les monumens des arts, ne sont plus les édifices religieux qui tombent en poudre et qui succombent sous le génie de la destruction ; ce sont les mœurs publiques, ce sont les élémens-mêmes du système social qui se renversent et qui cèdent à son action dévorante; ce sont les institutions nationales et paternelles, ce sont les bases antiques de notre civilisation qui s'ébranlent et qui s'écroulent sous la hache des novateurs, sous les efforts réunis du despotisme et de l'anarchie. Dieu! quels ravages ils exercent dans le sein de la société, ces deux monstres sortis du sein de la révolution!

VI. Qu'est-elle devenue, cette France autrefois si florissante, cette reine du monde civilisé, qui faisoit l'admiration de l'Europe dont elle étoit l'arbitre ? qu'est-elle devenue sous la double influence de l'athéisme philosophique et du fanatisme révolutionnaire ? Maintenant plongée dans l'opprobre et dans la douleur, déchirée par ses factions intestines et déshonorée par ses propres enfans, elle voit du bord de sa tombe, elle voit ses frontières envahies par ses ennemis, ses protecteurs exilés par ses tyrans, ses tribunaux fermés par ses assassins et ses temples détruits par ses philosophes, par les premiers auteurs de toutes ses infortunes.

VII. Nous sommes les bienfaiteurs de l'humanité, disoient-ils, nous sommes les apôtres de la tolérance : hélas ! quelle tolérance et quels bienfaits ! Un peuple sans culte et sans Dieu ! des citoyens sans lois et sans patrie ! des magistrats sans mœurs et sans conscience ! les passions divinisées et les vices applaudis ! les crimes impunis et les criminels justifiés ! le suicide, l'affreux suicide érigé en vertu, et la vertu tournée en ridicule ! voilà donc les bienfaits de cette philosophie qui se vantoit de travailler au bonheur du monde ! le voilà ce nouveau fruit de l'arbre de la science qui devoit élever l'homme au rang des Dieux et qui vient de le ravaler à celui des brutes ! (3)

VIII. O honte ! honte éternelle de ce prétendu siècle de lumière ! L'enfance elle-même connoît le crime ! l'âge de l'innocence est devenu celui de la prostitution ! on l'a vu se flétrir dans le séjour du vice et de l'infamie! On a vu des athées et des suicides de douze ans! On a vu, (la postérité refusera de le croire), on a vu des pères sans entrailles confier leurs fils à des instituteurs sans principes. On a vu les disciples de ces maîtres renier le Dieu de leurs ancêtres, insulter à l'auteur de leur existence avant d'avoir connu son culte, et vomir le blasphême contre son nom avant d'avoir appris leur langue!... Victime déplorable du fanatisme irréligieux, cette génération empoisonnée, pour ainsi dire, jusque dans son germe, nous en promet une plus horrible encore.

IX. Jetons un voile sur l'avenir et revenons aux leçons de l'expérience. Le dernier terme des maux d'une république, a dit un sage, le comble de l'infortune pour un état, ce qui lui otera bientôt tout principe de vie, ce qui entraîne la plus funeste dépravation des mœurs, l'affoiblissement le plus sensible de toute espèce de grandeur d'ame, de force et de courage, ce qui prépare la décadence la plus prochaine d'un empire si florissant qu'il soit, et les plus terribles révolutions, c'est l'irréligion réduite en système et le vice érigé en principe : si par malheur on en vient là, et que le gouvernement ne s'en inquiète pas, tout est perdu. Lorsque ce qui étoit vice et désordre devient les mœurs d'un état, il n'y a plus de remèdes à espérer.

X. La moderne philosophie, a dit

encore un de nos orateurs les plus célèbres, se vante de ramener l'homme aux penchans et aux lois de sa première origine; elle ne le ramène qu'aux vices brutaux et aux mœurs féroces de l'état sauvage, à l'égoïsme, à l'intérêt personnel, à l'abandon des devoirs publics et privés. Bientôt, par ses leçons perfides, l'état destitué de l'esprit de vie qui l'anime, ne seroit qu'un amas confus d'êtres bas et rampans, isolés et divisés, sans idées, sans goût de famille et de société, d'utilité commune et de prospérité publique; il ne tarderoit pas à dégénérer en une masse informe que dévoreroit promptement le poison des plus viles passions. (4)

XI. Ce n'est que dans un livre,

comme l'a très-bien prouvé Montesquieu, qu'un homme a pu supposer l'existence d'une république d'athées. Si j'étudie l'histoire du monde, j'y vois les hommes se partager la terre ; je vois les tribus séparées par des limites impénétrables, isolées par la diversité de mœurs et de langages, ne plus s'entendre, ne plus se connoître ; je vois par-tout l'esprit humain sujet à toutes les erreurs, esclave de tous les préjugés, livré à tous les dérèglemens : tour-à-tour les nations sont plongées dans la barbarie, l'ignorance et la corruption ; tout paroît confondu : mais du fond des ténèbres jaillit toujours un rayon de lumière ; une seule vérité demeure en tout temps, en tous lieux au-dessus de toutes les atteintes ; la chaîne sacrée n'est jamais rompue ; l'existence de Dieu ne cesse pas un moment d'obtenir l'hommage de tous les peuples.

XII. Le grand livre de l'histoire nous offre à chaque page la preuve de cette importante vérité, que l'idée d'un Dieu législateur est aussi essentielle au monde intelligent que l'est au monde physique celle d'un Dieu créateur et premier moteur de toutes les causes secondes.

« Que le froid matérialisme ob-
« serve le genre humain, a dit un
« illustre orateur ; qu'il étudie la
« naissance et les progrès de la ci-
« vilisation ; qu'il porte son regard
« sceptique dans les déserts les plus
« lointains, qu'y voit-il ? les tribus

« errantes dans leurs vastes solitudes « ont toutes des Dieux qui marchent « devant elles ; c'est en présence « de la Divinité, c'est en son nom « qu'elles se forment en corps de « nation : les cités se réunissent au-« tour du temple qui garantit leur « durée ; ce temple est leur pre-« mier monument, les rites sacrés « sont leur première loi, Dieu leur « premier lien. »

XIII. Les plus grands hommes de l'antiquité avoient tous regardé la religion comme la première base de l'ordre social, comme la loi fondamentale de toute société politique. Tous ont pensé avec Plutarque, « qu'il étoit aussi difficile de fonder un état sans religion que de bâtir une ville dans les airs. » Et pourquoi tous les instituteurs des peuples, tous les législateurs de l'antiquité se sont-ils accordés sur la nécessité d'un culte religieux ? pourquoi l'ont-ils unanimement regardé comme un élément essentiel de l'organisation sociale ? c'est qu'ils savoient bien, ces grands hommes, qu'en morale ce seroit un cercle vicieux de contenir les passions par les passions toutes seules, et que le levier politique ne peut avoir de prise et d'action sur la terre qu'autant qu'il a son point d'appui placé dans le ciel. (5)

XIV. Comparons leur sagesse avec notre philosophie, et observons la différence des résultats. Voyez quels hommes, quels citoyens, quels magistrats, quels législateurs sont sortis de leurs écoles; quels peuples ils ont formés par leurs leçons; quelles lois ils ont données à ces peuples; quelles mœurs ils ont créées avec ces lois, et quels prodiges ils ont opérés par la force des mœurs. Tout semble ici surnaturel: ces instituteurs nous paroissent des géants, et leurs créations sont grandes comme leurs pensées; en se trouvant au milieu d'eux on se croit transporté hors de son siècle, et dans un nouvel univers habité par une race d'hommes privilégiés et d'une nature supérieure à la notre.

XV. Voulez-vous apprécier d'un coup d'œil la distance qui sépare nos philosophes des anciens? rapprochez-les des Aristote, des Socrate, des Platon, des Lycurgue, des Solon, des Plutarque et de tant d'autres célèbres législateurs, orateurs ou écrivains, et considérez l'étendue de la différence ; voyez l'énergie qui sort de l'ame de ces derniers, comme leurs idées enrichies de l'idée d'un Dieu sont vastes et sublimes; combien leur mâle éloquence, trempée, pour ainsi dire, à la source de l'immortalité, acquiert de grandeur et de majesté : leur puissant génie qui survit à leur siècle, dicte encore des lois aux empires; il triomphe des préjugés et des révolutions, et comme l'œil de la providence qui veille sans cesse sur l'ordre de l'univers, il maintient l'équilibre moral qui assure l'existence de la société.

XVI. Abaissons maintenant nos regards sur nous-mêmes, et voyons le néant de nos principes ; analysons les effets de nos systêmes. Qu'ont-ils produit ces systêmes fameux qui devoient régir le monde ? que reste-t-il des superbes projets formés dans les conseils de nos sages ? Ils ont voulu, nos sages, ils ont voulu faire le bonheur de l'homme sans espérance, établir des vertus sans source, former un ordre sans base, une civilisation sans autre guide que la raison : on connoît le bonheur qu'ils ont fait, les vertus qu'ils ont montrées, l'ordre qu'ils ont formé, la civilisation qu'ils ont perfectionnée : tout a fini par la confusion ; toute leur politique s'est dissipée comme la rosée devant une puissance supérieure qui a voulu punir l'orgueil et guérir l'aveuglement. Avec nos principes modernes, nos formes, nos institutions nouvelles n'ont fait que paroître, tandis que celles que la religion avoit consacrées résistèrent aux siècles.

XVII. « La mortalité ou l'immortalité de l'ame, a dit Pascal, doit mettre une différence entière dans la morale : et cependant les philosophes ont conduit la morale, l'éducation et le gouvernement indépendamment de cela : quel étrange aveuglement ! » Aussi, qu'en est-il résulté ? la dissolution des mœurs générales, une éducation négligée dans ses principaux élémens, un gouvernement convulsif tournant dans un cercle de révolutions continuelles, et se détruisant lui-même par l'exagération de sa puissance.

La nouvelle philosophie, par ses désordres, a prouvé à tout l'univers combien il est dangereux d'attaquer le premier fondement de l'ordre dans un état, et l'expérience nous a démontré que la raison sans guide, les passions sans frein, conduisent les peuples d'erreur en erreur, de crime en crime, de malheur en malheur, et que la nature offensée, comme la dit Hobbes, venge toujours d'une manière terrible ses outrages, sur les infracteurs de ses lois.

XVIII. Ils étoient donc bien éloignés du véritable esprit philosophique, ceux qui sont venus nous dire dans le dernier siècle, qu'il falloit remuer tous les principes pour les mieux connoître, et qui, osant élever les nuages du doute jusqu'aux vérités inaccessibles à notre courte intelligence, ont conduit la foule des esprits superficiels à cette déplorable conclusion : « Qu'il n'y a donc rien « de certain, rien de fixe et de « vrai sur la terre, et que l'hom- « me orphelin, délaissé de la puis- « sance inconnue qui lui a donné « l'existence, est éternellement « abandonné aux vagues de l'er- « reur, au flux et reflux de « l'opinion. » (6)

XIX. Remontons à la source du mal et soyons de bonne foi avec nous-mêmes. Nous la trouverons toute entière dans ce culte insensé, dans cette admiration idolâtre que nous avons professés pour des gé-

[illegible]ies malfaisans, pour ces écrivains [illegible] paradoxes, avides de gloire et dépourvus d'honneur, qui, en nous égarant par de séduisantes et désas[illegible]euses théories, ont su nous éblouir par quelques éclairs d'imagination, Esprits nés pour le malheur du genre humain, et nouveaux Erostrates devenus fameux pour avoir incendié le temple de la vertu !) Et pouvoit-il arriver autrement qu'une [illegible]ation éclairée en vînt à ce point de démence, de ne plus rien croire de ce qu'elle avoit cru pendant vingt siècles, de fouler aux pieds tout ce qu'elle avoit honoré, et de tout ré[illegible]ire en problême, jusqu'au prin[illegible]pe de son existence ?

[illegible]XX. *La morale sans religion*, [illegible]là la doctrine qu'ils se sont efforcé d'inoculer parmi nous ; voilà le but final de ce torrent de questions philosophiques dont nous fûmes inondés dans l'espace d'un demi-siècle ; et quoiqu'ils aient tant de fois échoué dans cette entreprise aussi extravagante que ridicule, ils ont été jusqu'à proposer des prix académiques à ceux qui offriroient les meilleurs moyens d'y réussir.

De là cet essaim bourdonnant de Pygmées-littéraires et d'obscurs blasphémateurs qui se mirent sur les rangs et qui marchèrent à la suite des chefs du parti novateur ; de là ce débordement, ce déluge de libelles ephémères et de diatribes anti-religieuses qui envahirent tous nos journaux et qui se répandirent périodiquement sur la nation. Depuis

l'épigramme

l'épigramme jusqu'à l'in-folio, tout fut employé pour élever ce bel édifice, pour établir la morale *de l'égoïsme* et la théologie *du matérialisme.*

XXI. Les insensés ! ils ne savent comment ils existent, ils ne savent par quel pouvoir ils raisonnent ou déraisonnent, et ils veulent décider que Dieu n'est pas ! Ils anéantissent les cultes, les religions; ils nous parlent d'une morale sociale, des devoirs de la vie civile, des avantages de la vertu et des désordres du vice; mais quand il s'agit de donner un fondement à leur théorie, un motif à leurs préceptes, ils ne savent plus où mettre le pied, la tête leur tourne, et ils ressemblent à cet indien qui fait porter l'univers sur un éléphant, et puis l'éléphant sur une tortue, et qui, quand on lui demande sur quoi porte la tortue, reste interdit et hors de réponse.

Que l'homme paroît petit et foible quand il manque de l'appui de son auteur! Pascal l'a dit : « Il n'y « a rien sur la terre qui ne montre « ou la misère de l'homme ou la mi- « séricorde de Dieu, ou l'impuissan- « ce de l'homme sans Dieu ou l[illegible] « puissance de l'homme avec Dieu. »

XXII. Ils étoient donc bien ignorans, tous ces graves esprits de l'antiquité, qui ont précédé nos beaux esprits dans la carrière de la morale et de la politique! Ils étoient donc bien aveugles, tous ces sages tant admirés de leurs contemporains, qu[illegible] ne sont pas nés sous l'influence de ce beau siècle de lumière et de philosophie ! Pauvres esprits superstitieux asservis au joug de la loi naturelle, qui ont cru de bonne-foi ce que leurs pères avoient cru, qui l'ont professé avec zèle au sein de leur patrie, et qui l'ont dit tout haut à la postérité !

Ce divin Platon qui enseignoit le dogme de l'immortalité de notre âme, ce sage Socrate qui mourût martyr de la croyance de l'unité de Dieu, et ce bon Plutarque qui pensoit qu'une cité se passeroit plutôt du soleil que d'un culte, n'étoient-ils ces vieux enfans et ces esclaves du préjugé, qu'étoient-ils auprès de nos grands réformateurs du dix-huitième siècle ?

Et tous ces prétendus grands hommes du siècle de Louis-le-grand qui ont cru à la religion de nos ancêtres et qui s'en sont déclarés les défenseurs, les Bossuet, les Pascal, les Arnaud, les Fénélon, les La-Bruyère, ils sont morts dans les ténèbres de l'ignorance et de la superstition, et ils sont venus un siècle trop tôt, comme l'a dit Voltaire, car ils n'ont pas vu la lumière du dix-huitième siècle !

XXII. Pauvre humanité ! l'expérience de tant de siècles a donc été nulle pour toi ! les malheurs des générations passées ont donc été de vaines leçons ! celles que nous avons reçues et payées si cher ne nous ont donc pas guéri de notre aveuglement ! Attribuer à l'homme une institution qui porte l'empreinte de la Divinité! séparer la morale de sa source! réduire l'homme au néant! quelle magnifique découverte !

C'est donc par cette belle découverte qu'a fini le siècle des lumières, le siècle de la philosophie par excellence, en nous montrant que dans ce monde *nous marchons dans les ténèbres*, et qu'après y avoir éprouvé bien des peines, *nous entrons dans une nuit eternelle*... Quelle fin! quel abus de lumières! quel triste présent offert à l'humanité par les modernes sectateurs du culte de la raison! C'est dommage que la raison, cette nouvelle Divinité que les philosophes du jour sont venus nous présenter avec son flambeau, n'ait paru à nos yeux que sous les traits hideux de la discorde, et que ce flambeau ait été si ardent qu'il a mis le feu au milieu de ses adorateurs. Le temple de la Déesse est devenu le foyer de l'incendie; ses ministres en sont devenus les directeurs, et nous en sommes les victimes.

XXIV. Résumons-nous et jugeons de la doctrine par ses résultats. Quels étoient les scélérats effrénés qui, sur la fin de ce malheureux siècle, viennent d'étonner l'univers par l'atrocité de leurs crimes et de leur ingénieuse cruauté ? quels étoient Robespierre et ses complices, les Marat, les Hébert, les Chaumette, les Babœuf et toute cette foule de monstres vomis sur la terre pour la ravager, l'incendier, la dépeupler;

étoient-ils ? des athées, des ma-
ialistes, des disciples enthousias-
de Voltaire, de Diderot, d'Hel-
ius, de Lamettrie, des partisans
sionnés et frénétiques de leurs
rits, de leurs principes, de leur
ctrine, et par conséquent des en-
emis déclarés de la religion.

XXV. Voltaire, Diderot, Dalem-
ert, Helvétius, Lamettrie et leurs
mbreux adhérens, en prêchant le
gme du matérialisme, en faisant
s athées de tous leurs prosélytes,
sèrent prendre, comme l'observe
esprit sage, un titre odieux qui
roit révolté la multitude ; mais
ndant soixante ans ils en répan-
ent les principes avec une infati-
ble persévérance, pendant soixante
s ils travaillèrent sans relâche à

établir le spinosisme sur les ruines du culte dominant. L'irréligion a fait durant ce temps d'inconcevables progrès : les hommes en sont ils meilleurs et plus heureux ?

Francois ! vous avez vu les crimes et les malheurs de la révolution, je vous laisse à prononcer. (7)

XXVI. Philosophes du dix-huitième siécle ! grands hommes qui demandiez des statues au genre humain et qui renversiez les autels de l'Être-suprême ! vous êtes jugés sur vos œuvres, et vos idoles sont brisées sous les pieds de vos victimes ; si vous avez prévu les conséquences de votre affreux système, vous êtes de vils conspirateurs, et vous êtes d'aveugles instituteurs si vous ne avez pas prévues. Le peuple que us avez précipité dans un abyme rès lui avoir crevé les yeux, le uple, instruit par l'infortune, sor- a bientôt de son étourdissement, en sortira pour vous faire justice ; vous citera au tribunal de son périence ; il relevera sur leurs bases s autels que vous avez détruits ; traînera dans la boue ces statues 'il vous avoit élevées ; il dénon- a à la génération qui va naître malheurs et vos crimes ; il ins- era à ses enfans son horreur pour dogmes, son amour pour la gion, son mépris pour votre secte, respect pour son Dieu ; il vien- l'adorer dans le temple où l'ado- nt ses pères, et il crachera sur mbe de l'impie qui l'outragea ses écrits.

XXVII. C'est dans ce temple, ô François! c'est près de ces autels consacrés au Dieu des nations, que naquirent chez nos ancêtres le *culte des Foyers* et l'amour de la patrie; c'est à l'ombre de ces autels, que, malgré cette foule de tyrans qui ont opprimé nos pères, la France vît croître ses bourgs et défricher ses campagnes; c'est aux pieds de ces mêmes autels que les monarques françois, déposant les attributs de leur autorité, venoient jurer d'être fidèles au peuple dont ils exerçoient les pouvoirs.

Et vous, magistrats-citoyens, qui lui répondez aussi de son bonheur; vous qui tenez aussi dans vos mains les destinées de ce grand peuple dont vous exercez la souveraineté,

C'est encore dans ce temple, c'est sur ces autels que vous devez aussi déposer vos sermens; c'est en présence du Dieu de leurs pères que vous devez aussi jurer fidélité aux François. Le Dieu des François n'est-il pas votre Dieu? leurs pères ne sont-ils pas vos ayeux? et leurs enfans ne sont-ils pas vos frères? Ah! rouvrez, rouvrez ces temples où leur voix vous appelle; relevez ces autels où leurs vœux vous attendent; rendez au peuple qui vous élève, rendez-lui le plus saint, le plus sacré des droits, le droit d'honorer son bienfaiteur, le droit de le bénir dans ses prospérités, de l'invoquer dans ses besoins, de l'approcher et de le prier dans ses malheurs: c'est dans les grandes calamités politiques que l'homme a besoin de se refugier dans le sein de la Divinité.

XXVIII. O France! ô ma patrie! loin de toi ce fléau destructeur, cet opprobre éternel dont on veut te couvrir! loin de toi, loin de tes enfans cette honte ineffaçable qui flétriroit tes lauriers! Reviens, il en est temps, aux principes généreux qui firent la gloire de tes beaux jours, et reprens ton ancienne place au milieu de la grande famille des nations: rends au Dieu des armées qui couronne ta valeur, rends-lui hommage pour ses bienfaits et pour tes victoires. Le Dieu des Turenne et des Condé, le Dieu des braves et des héros doit être le Dieu des François. C'est aux François, c'est au peuple le plus privilégié de la terre, qu'il appartient d'en être le plus religieux; c'est à lui qu'il convient d'être son premier interprète auprès du souverain législateur : et tandis que la voix de la renommée s'épuise à publier nos triomphes, il est juste que celle de la reconnoissance consacre et bénisse aussi nos succès.

N'oublions-pas que l'esprit religieux est la véritable source de l'esprit public; que l'amour de la patrie est inséparable du culte de la vertu, et que le salut d'un empire est dans les bonnes mœurs. Profitons des leçons de l'histoire et écoutons cette voix céleste qui nous dit :

« Examinez les faits, étudiez les causes, observez les révolutions; et pendant que vous verrez les empires tomber presque d'eux-mêmes et la religion se soutenir

« par sa propre force, vous con-
« noîtrez aisément quelle est la
« solide grandeur et où un peu-
« ple sensé doit mettre son espé-
« rance. « *(Bossuet. Hist. univ.)*

REMARQUES
ET
AUTORITÉS.

(1) On a vu des peuples abandon-
r une religion pour en embrasser une
tre. Le paganisme a cédé ses temples,
ses autels au christianisme; mais il
us étoit réservé de donner un mo-
nt à l'univers l'exemple effrayant
n peuple sans culte. On voulut subs-
er à l'antique majesté de nos dog-
s je ne sais quel délire philosophi-
le bouleversement des idées et
gitation des élémens de la société s'ac-
rent de jour en jour; les auteurs de
e confusion générale en furent eux-
mes victimes, et leur mort sera pour

la postérité un témoignage éclatant de leur imprudence, comme elle est une nouvelle preuve de la justice et de la providence divines.

Des hommes inquiets, qui, dans le temps de la ligue auroient été des dévots fanatiques, furent de nos jours des impies sanguinaires, et comme, par un abus inséparable des meilleures institutions, nos pères avoient été persécuteurs au nom de la religion, les athées le devinrent au nom de la philosophie. On les vit diriger tous leurs efforts contre ce que la religion et la politique offroient de plus respectable : leur rage fut long-temps impuissante, mais par les effets d'une révolution préparée de longue-main, s'étant trouvés tout-à-coup les chefs de la nation et les directeurs de l'opinion publique, il ne leur fut pas difficile de suspendre l'exercice du culte, de disperser ses ministres et de fermer les temples du christianisme.

oyez comment ont fini la plupart auteurs d'une doctrine dangereuse les premiers instituteurs du *jacobi-* : voyez le plus habile d'entre eux, plus ardent à la promulguer, finir porter sur lui le moyen de se dé- lui-même, pour se dérober à la ur et à l'ingratitude des disciples il avoit formés : voyez le, auteur *des grès de l'esprit humain*, montrer ces grès en se donnant la mort sans ir le courage de l'attendre.

n 1792 Condorcet dit à un homme étoit bien loin de l'égaler en es-, mais qui, avec du bon sens, it étudié l'histoire et sur-tout l'his- d'Angleterre, « Que les philoso- s avoient des ennemis invincibles à battre, l'intérêt, la vanité, l'habi- . » Voici la réponse de cet homme :

Ne craignez pas tant ces ennemis e vos propres principes ; ils sont

« vos premiers ennemis. Vous verrez « qu'ils ne garantiront ni votre ouvrage « ni votre propre conservation : vous « pourrez vaincre des ennemis du de- « hors, le courage est naturel aux Fran- « çois, mais vous ne vaincrez en dedans « qu'en abandonnant les principes dé- « mocratiques et irréligieux ; dans l'en- « thousiasme vous ne voyez pas jus- « qu'où ils vous mènent, et quand vous « le verrez vous voudrez vous arrêter ; « il n'en sera plus temps ; le précipice « sera là, il faudra vous y jeter avec « bien d'autres. » Le bon-sens avoit-il raison ?

(2) S'IL faut en croire les prédicateurs du naturalisme, tous les hommes ne sont que des loups, que des animaux *destinés également à pâturer les champs de la nature*. « J'ose assurer, dit l'un d'eux, que l'état de réflexion est un état contre nature, et que l'homme qui médite est un animal dépravé. »

« Qu'avons-nous besoin de morale, dit un autre ? une ame mortelle n'a point de devoir, elle se réduit au sentiment. Il suffit d'écouter la voix de la nature. »

« La première loi naturelle, crie Rousseau, la loi fondamentale de la société, c'est de faire son propre bien avec le moindre mal d'autrui qu'il est possible. »

« L'état social, dit encore ce grand apôtre, ce romancier de l'état sauvage, l'état social n'est que le renversement de l'état naturel : l'homme civilisé est un être hors de la nature. »

« Il est impossible d'imaginer pourquoi, dans l'état primitif, un homme auroit plutôt besoin d'un autre homme qu'un singe ou un loup de son semblable. »

« Le fer et le blé ont civilisé les

hommes et perdu le genre humain. »
Il faut donc, s'il se peut, ramener tous les peuples à cet heureux état, à cet état originel où nos bons ayeux ne connoissoient ni les nœuds du mariage, ni les liens du sang, et où ils vivoient de gland dans les forêts.

M. Rousseau ne nous a pas appris à quoi peuvent servir ses systêmes ou ses romans philosophiques, et quel a été son but en écrivant. « J'ai écrit, semble-t-il dire, pour donner aux Génêvois de fortes raisons d'aimer leur gouvernement, pour leur inspirer l'humanité, l'amour de la patrie et de la liberté, et l'obéissance aux lois. »

« Je crois donc entendre M. Rous-
« seau, » dit un homme sensé, parlant ainsi à ses concitoyens : « aimez votre
« gouvernement, car l'homme auroit
« beaucoup mieux fait de n'en point éta-
« blir ; aimez vos semblables, car nous

« avons eu tort de sortir de cet état où
« nous n'aimions que le repos, une
« femelle et la nourriture; aimez votre
« patrie, puisqu'il est vrai que nous
« devrions n'en avoir jamais eu d'autre
« qu'une caverne ou le pied d'un arbre;
« soyez libres, attendu que nous som-
« mes à plaindre de n'être pas dépen-
« dans d'un lion où d'un ours qui nous
« auroit fait fuir devant lui; enfin obéis-
« sez aux lois, puisque vous étiez faits
« pour n'obéir à aucune. »

Voilà d'étranges argumens pour faire de bons citoyens!

(3) Un des tristes effets de l'irréligion, est le dégoût de l'existence. L'athéisme ne fournit rien à l'homme et le laisse sans ressource dans le malheur; l'athée malheureux, s'il a du courage, ne peut être qu'un scélérat, et s'il manque de cœur, un suicide. La nouvelle philosophie, en propageant le matéria-

lisme, a du nécessairement multiplier ce dernier crime ; et, en effet, jamais cette sombre manie n'a été aussi commune, aussi universelle qu'elle l'est devenue de nos jours et particulièrement depuis dix ans, comme on peut s'en assurer en lisant les papiers françois et anglois. On frémiroit, si l'on produisoit la liste sanglante de toutes les victimes du suicide depuis l'époque dont je viens de parler : on y verroit même des enfans !

Les gazettes angloises font mention de deux enfans âgés de onze et douze ans, qui se pendirent aux environs de Londres ; et les nôtres nous ont transmis les détails affligeans d'un autre suicide commis à Paris par un enfant de treize ans, à l'aide d'un pistolet qu'il avoit acheté dans ce dessein, et dont il s'est tiré lui-même un coup mortel, d'après son propre aveu consigné dans un écrit qui fut trouvé près de son cadavre.

On sent assez que de tels suicides ne peuvent être que le fruit du mauvais exemple, de la mauvaise éducation du premier âge abandonné à de fausses directions, et des principes modernes substitués dans l'enseignement aux principes religieux qui en sont le préservatif. Les crimes des enfans sont l'ouvrage de leurs pères, et la morale de ceux-ci est l'ouvrage de leur siècle, de ce siècle que les philosophes ont instruit et qu'ils ont appelé le siècle de lumières.

Dans l'antiquité le sophiste Hégésippe exhortoit, dit-on, ses disciples à s'ôter la vie dès qu'il n'y trouvoient plus de charmes ; on le surnomma pour cette raison *l'orateur de la mort.* On pourroit donner ce tragique surnom aux philosophes modernes dont les funetes principes produisent les mêmes résultats, car il est trop bien démontré que l'on ne peut attribuer ce mal effroyable qu'à la licence contagieuse de leurs écrits.

« S'il est permis d'exhorter au suicide, a dit un écrivain judicieux, s'il est beau de s'oter la vie quand on croit ses maux irrémédiables, il faut approuver aussi la férocité de ces sauvages dénaturés qui égorgent leurs pères parvenus à l'extrême vieillesse, afin de leur épargner les souffrances causées par les infirmités de la décrépitude, car ces souffrances sont aussi des maux sans remède. »

S'il y a de la grandeur dans le suicide, il y a nécessairement de la bassesse dans la résignation. Le tyran Sardanapale, embrasant son palais et se jetant au milieu des flammes avec toute sa famille, le tyran Sardanapale est un héros ; et Bélisaire, dépouillé de tout, mandiant, aveugle, proscrit et se soumettant à son sort sans plainte et sans murmure, Bélisaire est un lâche.

Le résultat de ces réflexions, c'est que sous tous les rapports le suicide est

aussi

aussi infâme qu'il est criminel. Cette manie insensée est, comme l'a dit un écrivain judicieux, l'acte affreux et méprisable du plus complet égoïsme; il ne prouve qu'une fureur aveugle ou une insensibilité odieuse et stupide; il n'est jamais produit que par le découragement total ou le désespoir de la foiblesse, et non par le courage puisqu'il fût commis tant de fois par les plus vils, les plus lâches de tous les scélérats, par les Sardanapale, les Néron, les Messaline, par des multitudes de femmes et même par des enfans. Il outrage à la fois le ciel, la raison et l'humanité; et le vrai philosophe ne peut admirer que l'homme plus grand que la fortune, qui reste inébranlable et calme au milieu des revers; car, comme le dit si bien Montagne sur ce même sujet, « *la vertu ne rompt son chemin ni son train, pour orage qu'il fasse.* »

Celui qui se donne la mort pour

échapper aux peines de la vie, a di
encore un héros, *est un soldat qu
abandonne le champ de bataille avan
d'avoir remporté la victoire.*

(4) « La félicité publique, nous di
un orateur célèbre, est inséparable de l
religion, parce que la paix, le bonheu
de la société dépendent des vices ou de
vertus du plus grand nombre. » Ce son
les vertus domestiques qui décident à l
fin des mœurs générales, et c'est dan
le sein des familles que germent et s
développent les premiers élémens de l
morale publique. C'est donc à la reli
gion qu'il appartient de rétablir les prin
cipes conservateurs de l'ordre, la sain
teté du mariage, l'autorité paternelle
la piété filiale et tous les sentimens d
famille qui garantissent la durée d
états.

Que gagneroient nos modernes insti
tuteurs à ce que tout le monde pens

comme eux? et que deviendroit, d'après leur conduite et leurs maximes, la société toute entière? Pères et mères, que gagneroient vos enfans à être sans principes et sans foi, sans conscience et sans frein, et que pourriez vous attendre par la suite de leur respect, de leur obéissance et de leur amour? Tendres époux, liés jusqu'à ce moment par de douces chaînes, quel sûr garant vous resteroit-il sans la religion, de votre fidélité réciproque, de la constante durée de votre union?

C'est par l'entremise de la religion que les époux se deviennent mutuellement plus chers et plus précieux; elle purifie leur amour; elle en fait sentir le prix; elle répand un tendre intérêt sur l'époux comme sur l'épouse; c'est sur-tout celle-ci qu'elle rend intéressante. La femme est en général un être aimant; elle aime son mari en suivant son cœur; elle l'aime encore en suivant sa religion : enlevez-lui l'amour du ciel, vous lui enlevez la moitié de son amour pour son époux, et vous affoiblissez son amour pour ses enfans.

Ecoutez la réponse d'une mère tendre, d'une épouse aussi belle que vertueuse, lorsque son mari essaya de lui inoculer la philosophie moderne dont il avoit adopté les fausses maximes.

« Je n'ai donc, lui écrivit cett
« femme d'esprit, donné le jour à no
« deux enfans que pour qu'ils éprouven
« beaucoup de peines et peu de plai
« sirs ; car les plaisirs pûrement maté
« riels sont bien foibles, durent pe
« et ne satisfont pas l'ame, tandis qu
« les plaisirs de l'ame sont réels e
« durables ; et précisément pour jou
« de ceux-ci, l'idée d'un Dieu, l'idé
« de l'immortalité est indispensabl
« Quel bonheur avons-nous sur la terre
« s'il doit finir avec nous ? Et le temp

« des plaisirs du monde n'est-il pas « bien court? et ne laissent-ils pas le « plus souvent, le plus grand vide der- « rière eux? Vous voulez que vos en- « fans soient sages et qu'ils deviennent « vertueux; mais comment leur faire « aimer la vertu, si le plus souvent ils « la voient malheureuse, si je ne leur « montre pas la source et l'espérance « de la vertu? Leur dirai-je que c'est « pour la vertu-même, pour le plaisir « d'être vertueux? Mais comment for- « merai-je une ame aussi parfaite? « c'est une perfection au-delà de notre « sphère. Le plus vertueux des hom- « mes, Fénélon aimoit au moins la « vertu pour Dieu en excluant sa ré- « compense; mais s'il étoit possible « d'élever une ame à cette hauteur, « elle seroit si près de Dieu qu'elle y « croiroit et qu'elle l'aimeroit. »

« Et vous, mon ami, vous savez « que je vous ai tendrement aimé jus-

« qu'à présent : qui vous répondra que « je vous aimerai encore autant si « vous parveniez à me faire aban- « donner mes idées religieuses ? Je sup- « pose que mon cœur éprouve alors « une autre inclination, quelle raison « assez puissante aurois-je pour ne pas « l'écouter, pour ne pas suivre ses « mouvemens ? l'amour de la vertu « pûrement humaine ? Ah ! mon ami ! « cet amour est bien foible en présence « de la passion ; la raison n'est plus « assez forte pour nous dicter les réfle- « xions sur les conséquences, ou nous « porter à éviter celles-ci par la résis- « tance. Le moment du plaisir est là, « on le saisit ; la vertu qui vient de Dieu « a seule le pouvoir de nous arrêter, « de nous attacher à nos devoirs et de « nous laisser, après les avoir remplis, « une satisfaction plus douce encore que « le plaisir momentané n'eût donné de « regrets. »

« Delà la fidélité des femmes et les

« vertus privées qui font le bonheur
« des familles. »

« Je n'ai pas cherché jusqu'à présent, « mon ami, à changer vos nouvelles « idées ; j'ai craint de vous faire de la « peine ; j'ai cru qu'en les laissant vieil- « lir un peu, vous en appercevriez par « vous-même le vide et le danger. »

Cette réponse honore le beau sèxe ; et en effet, ce qui reste de vertu, d'amitié, de délicatesse dans plusieurs pays, s'est en grande partie retiré dans le sein des épouses et des mères.

(5) « Par-tout où il y aura une société établie, a dit Plutarque, une religion sera nécessaire : une ville se passeroit plutôt du soleil que d'un culte. »

Platon, dans son traité de la république, a aussi considéré la religion comme la base de toute législation et le pivot sur lequel devoit rouler la morale de l'homme et du citoyen.

Les philosophes de l'antiquité avoient si profondément senti cette vérité, que Socrate lui-même, accusé d'avoir blasphêmé les Dieux de son pays, regarda cette accusation comme la plus grande tache qu'on pût faire à sa gloire, et lorsqu'il se vît condamné malgré son innocence, il ne voulut pas mourir sans rendre encore un hommage public à une religion dont il sentoit les absurdités, mais qu'il regardoit comme nécessaire au peuple.

Les Citoyens romains étoient également persuadés que des philosophes qui anéantissent le Législateur et le Magistrat-suprême de l'univers, anéantissent en même temps tous les droits de notre raison, et renversent les fondemens de la société.

Lorsque César, au mépris de la religion de son pays, se permît d'établir devant le sénat, dans sa défense pour Catilina, le dogme du matérialisme, (qui commençoit dès-lors à pénétrer dans Rome avec la philosophie d'Epicure), Caton et Cicéron s'élevèrent aussitôt avec véhémence contre cette scandaleuse doctrine, et pour réfuter l'orateur, ils se contentèrent de montrer que César parloit en mauvais citoyen, et qu'il manifestoit une opinion contraire aux intérêts de la république.

Sans doute, les siècles qui produisirent les Périclès, les Alcibiade, les Socrate, les Platon, les César, les Cicéron, les Horace et les Virgile, n'étoient pas des siècles de barbarie et d'ignorance ; alors, comme aujourd'hui, les lettres et la philosophie étoient dans les jours de leur triomphe ; cependant le sacrilège étoit un crime inoui, et celui qui avoit le malheur d'en être soupçonné, étoit regardé comme le plus grand ennemi de son pays.

Tant qu'on vît régner à Rome quelque ombre de vertu, le respect des choses sacrées y fut porté à son dernier point. Cicéron, après avoir sauvé sa patrie des fureurs de Catilina, alloit en rendre graces aux Dieux. Les plus belles hymnes d'Horace sont des cantiques sacrés en l'honneur de quelques fêtes religieuses, et ce ne fut qu'aux temps affreux des Tibère, des Claude et des Néron, qu'on vît naître le mépris pour la religion, mépris qui est toujours accompagné de tous les crimes et amène toujours la dissolution des sociétés.

Devenus maîtres d'un grand empire, les hommes qui de nos jours ont voulu gouverner sans religion, n'ont marché que d'erreur en erreur ; ils ont ouvert la source de tous les malheurs en essayant pour ainsi dire, de matérialiser le monde. Ils ont pris pour boussole la raison, et chaque jour ils se sont égarés, écartés du chemin de l'ordre et de la tranquillité.

Les lumières du siècle se sont changées pour eux en ténèbres, et les sciences comme les arts ont paru être tombés entre les mains des sauvages. Ils ont mis sous leur domination toutes les richesses de l'état le plus opulent; ils y ont joint un papier-monnoie dont la quantité eut suffi pour acheter la terre entière. Ils ont dépouillé plusieurs états voisins, et l'état qu'ils gouvernoient étoit toujours pauvre. Ils ont fait presque autant de lois que la monarchie en avoit eu pendant quatorze siècles, et l'anarchie ou le despotisme étoient par-tout au milieu des François; le calme, le bonheur sembloient bannis de la partie de l'Europe qui, par son heureuse position et ses brillantes ressources, paroissoit y avoir le plus de droit.

Qui n'a pas observé ce triomphe de la religion? Montesquieu l'a dit: *L'opulence est dans les mœurs, et non pas dans les richesses.* (*Gr. des Rom. ch.* 10.)

(6) Descartes, le premier, nous avoit révélé l'importance et enseigné l'usage du doute dans l'étude de la philosophie. A l'aide de ce fil délicat il avoit parcouru le vaste labyrinthe des opinions humaines. Ce génie entreprenant qni ne connoissoit pas de bornes pour lui-même, nous avoit marqué le point où il falloit s'arrêter dans nos recherches : et comme l'esprit humain est plus naturellement porté à décider avec présomption qu'à juger avec lenteur, la méthode circonspecte de ce grand homme fut regardée justement comme le premier pas vers la véritable philosophie, à cette époque où le monde, infatué de cette science de mots qu'il avoit puisée dans Aristote, s'imaginoit pouvoir trancher sur tout, sans rien connoître à fond.

On a beaucoup parlé de la hardiesse et de l'indépendance de Descartes; la philosophie du siècle l'a vantée pour s'en faire un appui; mais qu'elle aprenne à admirer plutôt le sage tempérament qu'il sût garder : c'est un grand exemple dont nous avons besoin. Il ne secoua pas les préjugés comme on se l'imagine ; il osa seulement en recommander l'examen. Il nous a ouvert son âme dans ses livres, et nous y pouvons suivre le progrès de ses idées. Nous n'y verrons pas sans étonnement que la première démarche de cet esprit si perçant et si libre, fût de distinguer les objets que la raison humaine a le droit d'approfondir, de ceux qu'elle ne peut que révérer, employant à la découverte des uns tout ce que la nature lui avoit donné de pénétration et de sagacité, et portant dans la méditation des autres tout ce que la religion inspire de docilité et de respect.

Ainsi, tandis qu'une vaste imagination emportoit cet aigle dans les hauteurs du monde physique, la foi retenoit sa raison dans la profondeur de ses mystères : et dans les choses-mêmes qui sont du ressort de l'esprit humain, il ne faut pas croire que ce doute qu'il nous prescrit et dont il nous a exposé les principes dans son admirable méthode, fût autre chose qu'une voie sûre pour parvenir à la connoissance du vrai ; il ne le regardoit pas comme un état fixe où l'on dut s'établir ; il n'entendoit pas qu'on s'y reposât, parce qu'il n'y a de repos que dans la vérité ; et certes, ni lui ni son sublime disciple Mallebranche, n'ont jamais compris qu'on dût perpétuellement remettre en question les premiers principes de la société.

Descartes, Mallebranche, Gassendi, Bacon, Locke, Newton, Leibnitz, Euler et Pascal, c'est-à-dire les plus grands philosophes au jugement-même de nos incrédules, ont respecté les vérités de la religion au plus fort de leurs méditations philosophiques, et lorsqu'ils voyoient prêt à s'éteindre le flambeau qui les guidoit dans la carrière des sciences, tous ces savans, tous ces vrais philosophes alloient le rallumer au sein de la Divinité-même.

« Quel plaisir, s'est écrié avec raison « La-Bruyère, d'aimer la religion et « de la voir crue et soutenue par de « si beaux génies et de si solides es- « prits ! » (*Chap. des esp. fort.*)

Sages du dix-huitième siècle! qui regardez en pitié ceux qui croient encore aux vérités révélées, j'ai une question à vous faire; répondez-moi : Ces grands hommes que vous admirez avec nous et que vous suivez de si loin, étoient-ils des superstitieux, des fanatiques, des hommes à préjugés en matière de religion? Vous êtes des esprits forts, dites-vous, étoient-ils des esprits foibles? Avouons-le plutôt, ô nos prétendus sages! ce sont les préjugés qui vous ont rendus philosophes, le torrent de la mode, la fureur du bel esprit, le goût de l'indépendance, un demi-savoir pire que l'ignorance, et qui ne va guères sans beaucoup de présomption.

« *Un demi-savoir, peu de philosophie*, a dit Bacon, *conduit souvent à l'athéisme et à l'incrédulité ; mais un plus grand savoir, beaucoup de philosophie, ramène toujours à la connoissance d'un Dieu et aux vérités de la religion.* »

(7) Toute la génération des monstres révolutionnaires est sortie du sein de la moderne philosophie et en avoit sucé tous les principes. C'est à l'école des professeurs du matérialisme que se sont formés tous ces tygres altérés de sang-humain, qui ont déchiré les entrailles de leur terre natale et répandu la terreur dans tout l'univers : c'est entre autres choses ce qu'ont si manifestement prouvé les réponses de Babœuf, lorsqu'il n'a pas craint devant ses juges, d'appeler en témoignage de la sagesse et de la justice de ses horribles complots, les écrits et les maximes des plus célèbres apologistes de la philosophie moderne. Cela seul, indépendamment de tout ce qui s'est passé, lui imprime, j'ose le dire, une tache ineffaçable.

Leibnitz, ce penseur profond, ce savant universel, qui, selon l'expression de Fontenelle, *a mené de front toutes les sciences*, et qu'on a appellé une encyclopédie vivante, Leibnitz a fait de son temps une singulière prédiction qui peut montrer jusqu'à quel point son génie perçant prévoyoit de si loin les funestes influences d'une fausse philosophie et de l'abandon des principes religieux. Cette prédiction si remarquable se lit dans *les nouveaux essais sur l'entendement humain*, ouvrage qu'il composa dans les premières années du dix-huitième siècle, c'est-à-dire, plus de quatrevingt ans avant la révolution. Le lecteur nous saura gré, sans doute, de la rapporter ici.

« On a raison, dit-il, de prendre des « précautions contre les mauvaises doc- « trines qui ont de l'influence dans les « mœurs et dans la pratique de la « piété ... Si l'équité veut qu'on épar- « gne les personnes, la piété ordonne « de représenter par-tout où il appar- « tient, le mauvais effet de leurs dog- « mes quand ils sont nuisibles ... Ceux « qui sont venus à ces erreurs par la « spéculation, ont coutume d'être natu- « rellement plus éloignés des vices dont « le commun des hommes est suscep- « tible, outre qu'ils ont soin de la di- « gnité de la secte dont ils sont comme « chefs ... Mais ces raisons cessent le « plus souvent dans leurs disciples ou « leurs imitateurs, qui, se croyant dé-

« chargés de l'importune crainte d'une « providence surveillante et d'un avenir « menaçant, lâchent la bride à leurs « passions brutales, et tournent leur « esprit à séduire et à corrompre les « autres; et s'ils sont ambitieux et d'un « caractère un peu dur, ils seroient « capables, pour leur plaisir et pour « leur avancement, de mettre le feu « aux quatre coins de la terre; et j'en « ai connu de cette trempe que la mort « a enlevés. »

« Je trouve, continue Leibnitz, que « des opinions approchantes de celles « d'Epicure et de Spinosa, s'insinuant « peu à peu dans l'esprit des hommes « du grand monde qui règlent les autres « et dont dépendent les affaires, et se « glissant dans les livres à la mode, « disposent toutes choses à la révolution « générale dont l'Europe est menacée, « et achèvent de détruire ce qui reste « dans le monde des sentimens généreux

« des anciens qui préféroient l'amour de « la patrie et du bien public, et le soin « de la postérité à la fortune et même « à la vie. *Ces publicks spirits*, comme « les anglois les appellent, diminuent « extrêmement et ne sont plus à la « mode ; et ils cesseront davantage « quand ils ne seront plus soutenus par « la saine morale et par la vraie reli- « gion que la raison naturelle même « nous enseigne. »

« Les meilleurs du caractère opposé « qui commence de régner, n'ont plus « d'autre principe que celui qu'ils ap- « pellent *de l'honneur*. Mais la marque « de l'honnête homme et de l'homme « d'honneur chez-eux, est seulement de « ne faire aucune bassesse, comme ils « la prennent... L'on se moque de l'a- « mour de la patrie ; on tourne en ri- « dicule ceux qui ont soin du public, « et quand quelque homme bien inten- « tionné parle de ce que deviendra la

« postérité, on répond : *alors comme* « *alors ;* mais il pourra arriver à ces « personnes d'éprouver elles-mêmes les « maux qu'elles croient réservés à d'au- « tres. Si l'on se corrige encore de cette « maladie d'esprit épidémique dont les « mauvais effets commencent à être vi- « sibles, ces maux seront peut-être pré- « venus ; mais si elle va en croissant, « la providence corrigera les hommes « par la révolution-même qui en doit « naître ; car, quoiqu'il puisse arriver, « tout tournera toujours pour le mieux « sous la direction de cette main divine « qui tient le fil des évènemens. »

Cette prédiction étonnante n'a pas besoin de commentaire : elle est précise, elle est claire ; et nous en avons vu l'accomplissement ; (au moins pour la première partie) la révolution est faite dans les choses, celle des hommes doit la suivre, et l'avenir qui s'avance expliquera tout ; mais, comme l'a dit un grand poëte : « *Le ciel cache à nos regards le livre du destin, excepté la page nécessaire, celle de notre état présent.* » (*Pope. Essai sur l'homme.*)

FIN DU PREMIER VOLUME.

LE

CONSERVATEUR.

A PARIS,
Chez Capelle et Renand, Libraires-Commissionnaires, rue JJ. Rousseau.

A EPERNAY,
Chez Warin-Thierry, Imprimeur-Libraire, au Livre d'or.

www.ingramcontent.com/pod-product-compliance
Ingram Content Group UK Ltd.
Pitfield, Milton Keynes, MK11 3LW, UK
UKHW020450200726
13857UKWH00002B/653